JN414294

엑스포지멘터리 성경공부 시리즈

호세아

인도자용

호세아 1–14장

엑스포지멘터리 성경공부 시리즈

호세아

인도자용

호세아 1-14장

| 송병현 · 임우민 지음 |

EM Exposi Mentary

차례

호세아 엑스포지멘터리 성경공부 오리엔테이션
(60분 소요)

* 한 주의 성경공부는 60분을 기준으로 구성되어 있으나 그룹의 요구와 형편에 따라 조절할 수 있습니다.

1. 찬양과 기도 (5분)

다함께 찬양할 수 있는 곡을 선곡하십시오.
세미나 모임을 위해 기도하십시오.

2. 자기 소개 (10분)

1) 서로 잘 아는 사이의 그룹일 경우 - 한 명씩 돌아가면서 소개하도록 하십시오. 본인의 성격을 동물이나 꽃에 비유하여 소개하는 것도 자신의 특성을 잘 소개할 수 있는 방법입니다.
2) 서로 잘 모르는 사이의 그룹일 경우 - 두 명이 한 조를 이루어 각자의 '제일 잘 하는 것 한 가지'를 서로 나눕니다. 3분 정도 후 돌아가며 서로의 짝을 소개하는 시간을 갖습니다. 쑥스러운 분위기를 부드럽게 만드는 방법입니다.
인도자가 먼저 자신을 소개하여 어떻게 하는지 본을 보입니다.

3. 학생용 책 나누어 주기 (5분)

인도자 지침서는 나누어 주지 마십시오.

4. 엑스포지멘터리 성경공부 시리즈에 대한 소개 (2분)

'엑스포지멘터리'(EXPOSItory + comMENTARY = EXPOSIMENTARY, 해설주석)는 '해설, 설명'을 뜻하는 'expository'라는 단어와 '주석'을 뜻하는 'commentary'를 합성한 단어입니다. 본문의 뜻과 저자의 의도와는 연관성이 없는 주제와 묵상으로 치우치기 쉬운 expository의 한계와 필요 이상으로 논쟁적이고 기술적일 수 있는 commentary의 한계를 극복하여 가르치는 사역에 도움을 주기 위한 새로운 장르입니다. 〈엑스포지멘터리 시리즈〉로 재구성한 '엑스포지멘터리 성경공부 시리즈'는 올바른 성경해석과 적절한 말씀 적용을 핵심 목적으로 하는 평신도를 위한 성경공부 교재입니다.

5. 호세아 서론 (20분)

* 학생용의 교재를 사용하며 같이 나눕니다.

1. 신학과 메시지
   1) 언약
   2) 위기에 처한 하나님과 이스라엘의 관계
   3) 형식에 치우쳐 버린 여호와 종교
   4) 하나님에 대한 지식
   5) 이스라엘의 배은망덕
   6) 심판과 구원

2. 개요
   1) 호세아와 가족(1:1-3:5)
   2) 하나님과 이스라엘(4:1-11:11)
   3) 하나님과 백성(11:12-14:9)

6. 이 책의 구성 및 사용 방법 (5분)

1) **복습**(예상소요 시간: 5분)

- 복습은 지난주에 배운 말씀 중 가장 핵심적인 부분을 이해하고 있는지 확인하는 부분입니다.
- 지난주에 결단했던 '생활의 아로마'가 어떻게 진행되었고, 삶에 어떤 변화를 가져왔는지 간단히 나눕니다.

2) **말씀 돋보기**–관찰(예상소요 시간: 20분)

- 말씀 돋보기는 숙제로 제시합니다.
- 말씀 돋보기는 Tip을 제시하고 있으며, Tip을 자세히 읽으면 스스로 답을 얻을 수 있습니다. 그러나 되도록이면 성경에서 답을 찾고 기록한 후, 그 문제를 이해했는지를 Tip을 통해 확인하도록 하십시오.
- 모임 시 함께 풀어 보며 문제들에 필요한 추가 설명을 곁들이고 어려움이 없었는지 확인합니다.

3) **삶의 내비게이션**–적용(예상소요 시간: 25분)

- 삶의 내비게이션은 모임 시간에 함께 나누는 부분입니다.
- 삶의 내비게이션은 과거, 현재, 미래형 질문으로 구성되어 있습니다.

4) **생활의 아로마**–실천(예상소요 시간: 5분)

- 생활의 아로마는 구체적인 실천 과제를 학생 스스로 적고 실천하는 부분입니다.
- 생활의 아로마는 매주 모임에서 토론한 내용 중에서 각자의 상황과 결단에 맞추어 한 가지 정도의 구체적인 실천 과제를 제시합니다. 모임을 시작하면서 실천 과제를 서로 나눕니다.
- 나눔의 깊이는 성령님의 인도하심, 인도자의 지혜, 그리고 그룹 구성원의 서로에 대한 신뢰의 정도에 따라 차이를 보일 수 있습니다.
- 학생용 교재 뒷부분의 '호세아 말씀 공부를 통한 삶의 변화 일지'를 이용해 엑스포지멘터리 성경공부를 통해 갖게 된 삶의 변화 과정과 결과를 한눈에 볼 수 있게 하였습니다.

〈엑스포지멘터리 성경공부 시리즈 구성〉

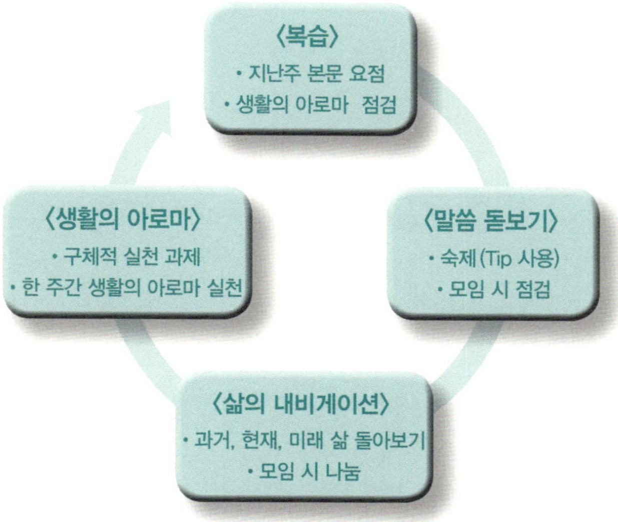

7. 서류 작성 (5분)

신청서, 기도제목, 비밀 유지 서약서(교재 끝 페이지) 등을 작성합니다. 서로의 기도제목을 작성하고 인도자가 정리 후 나누어 주어, 매주 모임에서 함께 중보할 수 있도록 합니다.

8. 기대와 포부 (5분)

성경공부 모임을 통해 기대하는 것을 구성원 중 두 명 정도만 이야기하도록 합니다.

9. 숙제와 실천 과제 (5분)

한 주간의 말씀 돋보기 부분을 숙제해 오도록 하십시오.

실천 과제로 호세아 1~14장을 소리 내어 두 번 읽어 오도록 하십시오.

10. 기도

다함께 이 성경공부 모임을 위해 기도하십시오.

다음 모임의 약속과 장소를 다시 한번 공지하십시오.

호세아 서론

호세아서를 생각할 때 제일 먼저 떠오르는 것은 호세아의 비극적인 결혼이다. 그만큼 그의 결혼은 충격적이며 파격적이었기 때문이다. 독자들은 선지자의 비극적인 결혼을 통해서 도저히 사랑할 수 없는 사람을 사랑하시는 하나님을 만날 수 있다. 전능하신 하나님이라고 해서 사랑이 결코 쉬운 것은 아니다. 호세아서는 온갖 아픔과 수치에도 불구하고 외도하는 아내를 끝까지 포기하지 않고 기다리시는 한 남편의 이야기이다. 여기서 끝까지 아내를 포기하지 않는 남편은 하나님이시고, 그의 간음하고 방탕한 아내는 이스라엘이었다. 이처럼 호세아서는 우리에게 보여 주는 하나님의 간절하다 못해 처절한 사랑 이야기이다.

1. 선지자

호세아라는 이름은 '구원'이란 뜻을 지니고 있으며, "여호와께서 구원하셨다/구원하소서. 오, 여호와여"의 간략형으로 여겨진다. 성경은 그가 브에리의 아들이라는 것 외에는 특별한 신상정보를 제공하지 않는다. 심지어 다른 선지서들에서 흔히 발견되는 소명 이야기도 없다. 선지자가 자신과 가족들의 신상 정보에 대해 상세하게 언급하지 않는 것은 독자들이 그의 삶에 지나친 관심을 쏟다가 정작 하나님께서 선포하시는 메시지를 놓칠까 염려해서였을 것이다. 호세아는 정경에 글을 남긴 선지자들 중에 유일한 북 왕국 이스라엘 출신이었으며, 북 왕국 이스라엘에서 사역했다.

750년대 중반에 사역을 시작한 호세아는 대단한 문장가였으며, 그의 저서는 그가 언어의 달인이었을 뿐만 아니라 모세오경, 여호수아, 사사기 등에 매우 박식했음을 드러내고 있다. 즉 그는 그 시대의 정경으로 철저

한 '말씀 교육'을 받았던 것이다. 책의 난해함과 광범위한 이미지와 상상력 등을 감안할 때 호세아 선지자는 매우 명석하면서도 독특한 사고를 지녔던 것으로 생각된다.

2. 저자

호세아서는 한 저자가 오늘날 우리가 전수받은 형태 그대로 집필한 것으로 간주하여 해석하는 것이 가장 바람직하다. 대부분의 학자들은 호세아서의 내용을 면밀하게 분석한 후 이 책이 선지자가 활동했던 주전 8세기 이후에 저작되었을 가능성을 배제한다. 특히 기진(Gisin)은 호세아서의 모든 것이 주전 720년대에 최종적으로 정리된 것이라고 하며, 스위니(Sweeney)는 호세아서의 대부분이 주전 735-732년에 있었던 아시리아의 가나안 침략 바로 전에 이스라엘이 아시리아와의 관계를 정리하도록 하기 위해 기록되었다고 한다. 만일 우리가 이들의 주장을 그대로 수용한다면 호세아는 메시지를 선포했을 뿐 만 아니라 자신의 메시지를 글로 남긴 저자가 확실하다.

3. 역사적 정황

선지자 호세아는 자신이 남 왕국 유다의 왕 웃시야(792-740 BC), 요담(750-732 BC), 아하스(735-716 BC), 그리고 히스기야(716-687 BC) 시대와 북 왕국 이스라엘의 왕 여로보암 2세(793-753 BC) 시대에 사역한 것으로 밝히고 있다. 호세아가 북 왕국 여로보암 2세 통치의 마지막 시대에 시작해서 남 왕국 히스기야가 통치를 시작할 때까지 사역한 것으로 간주하면 그는 아마도 주전 750-710년의 40-50년 동안 사역한 것으로 추정된다. 그가 히스기야 시대까지 살았다는 것은 주전 722년에 있는 북 왕국의 멸망을 지켜본 것을 암시한다.

호세아의 사역 시기는 크게 세 시대로 구분할 수 있다.

1) 강력한 왕 여로보암 2세의 마지막 통치를 중심으로 한 이른 시대
2) 이스라엘이 엄청난 정치적 혼란을 겪은 중간 시대
3) 이스라엘이 최후를 맞이한 마지막 시대

4. 이슈들

이미지와 비유

호세아는 상상력의 대가이다. 그는 온갖 이미지와 비유를 동원하여 자신의 메시지를 청중들의 마음에 각인시키는 언어의 달인이다. 선지자는 하나님에 대한 은유를 긍정적인 것과 부정적인 것으로 구분하여 사용하고 있다.

긍정적인 것 - 용서와 자비로 가득한 남편(3:1-5), 치유자(6:1-2), 소생시키는 단비(6:3), 사랑하는 부모(11:3-4), 보호하는 사자(11:10-11), 생기를 주는 이슬(14:5), 풍요로운 소나무(14:8)

부정적인 것 - 시기하는 남편(2:2-13), 분노하는 목자(4:16), 파괴하는 나방이나 좀(5:12), 무시무시한 사자(5:14; cf. 13:7-8)

호세아의 결혼

호세아서는 하나님이 선지자 호세아에게 음란한 여인과 결혼하여 음란한 자식을 낳으라고 명령하시는 일로 시작한다. 그러나 이 말씀이 선지자에게 무엇을 요구하는 것이며 호세아는 어떤 방식으로 순종했는가에 대한 학자들의 의견이 많다. 또한 3장에 등장하는 여인과 1장에 언급되는 고멜은 같은 여인인가 아니면 다른 여인인가? 그 동안 최소한 여덟 가지의 해석이 제시되었다.

첫째, 호세아 1-3장은 비유 혹은 풍유, 또는 환상 속에서 일어난 일이다. 1장과 3장은 같은 사건을 다르게 묘사한 것에 불과하다.

둘째, 고멜은 호세아의 실제 아내였을 뿐만 아니라 신실한 여인이었다. 1장은 이스라엘의 죄악을 비난하는 은유에 불과하다. 1장은 고멜 3장은

이름 모를 창녀로 서로 다른 여인이다.

셋째, 1장과 3장은 역사성이 있는 사건들로 두 명의 다른 여인들의 이야기를 회고한다.

넷째, 호세아가 고멜과 결혼했을 때 그녀는 이미 몸을 팔고 있었다. 고멜과 3장의 여인은 같은 여인으로 이후에 일어난 일이다.

다섯째, 호세아는 고멜과 결혼할 때는 아직 음란한 삶을 시작하지 않은 상황이었다.

여섯째, 1장과 3장은 비유나 은유가 아닌 실제 사건을 묘사한다. 1장과 3장은 같은 사건을 다르게 묘사한 것이다.

일곱째, 고멜은 호세아의 아내였다. 그러나 그녀의 죄는 실제적인 것이 아닌 영적인 것이었다. 즉 그녀는 우상을 섬긴 것이다.

여덟째, 3장은 훗날 누군가가 삽입한 이야기이며 호세아의 삶을 조명하는데 사용하지 않는 것이 좋다.

책의 메시지와 역사적 정황을 고려할 때 네 번째 설이 가장 설득력이 있어 보인다. 하나님께서는 호세아를 통해 이스라엘의 현실에 대한 자신의 마음을 전하기를 원하신다. 호세아는 자신의 불행한 결혼을 통해 하나님과 이스라엘의 관계를 이해할 수 있었으므로 그분을 대신해서 메시지를 전할 자격이 있었던 것이다.

5. 신학과 메시지

언약

대부분의 선지자들과 같이 호세아 역시 이스라엘 백성들이 시내산 언약을 준수하지 않고 있는 것에 대한 비난을 기초로 메시지를 전개한다. 그러므로 호세아서를 이해하기 위해서는 언약과 율법에 대한 이해가 필수적이다. 호세아서는 특히 언약의 불순종이 가져올 저주에 대해 지속적으로 경고한다.

위기에 처한 하나님과 이스라엘의 관계

호세아가 음란한 고멜과 결혼한 것은 그의 개인적인 삶의 이야기로만 끝나지 않는다. 그의 불행한 결혼은 여호와와 이스라엘의 관계를 상징한다. 즉 결혼과 언약은 매우 밀접한 관계를 가지고 있으며 호세아의 부부관계는 이스라엘과 하나님의 관계를 잘 묘사하고 있다. 정부와 놀아나 부부관계를 파경에 이르게 한 아내 이스라엘은 결혼을 지속하려는 의지가 없으며 결혼관계를 파경에서 보호할 능력이 없다. 이 결혼은 전적으로 남편이신 하나님께 달려 있다. 다행히 남편 하나님께서는 아내 이스라엘을 절대 포기하지 않겠다고 선언하시고 적절한 행동을 취하신다. 이 과정에서 하나님은 매우 고통스러워 하시며 간음한 아내 이스라엘을 다시 사랑하기 위해 남편 하나님은 엄청난 대가를 치르신다.

형식에 치우쳐버린 여호와 종교

호세아 시대를 살았던 사람들은 이스라엘 종교 예식의 근본적인 의미와 정신을 망각해 버렸다. 그들은 하나님께 예배를 드렸지만 하나님과 교제하지는 못했고, 예배를 통해 하나님을 만나지 못했으며 그분의 음성도 듣지 못했다. 그래서 그들은 예배가 하나님을 체험하는 수단이 아니라 주의 백성이 치러야 할 대가이자 의무라고 생각했다. 그들의 관심이 예배의 본질에서 예배 예식과 겉치레로 옮겨간 것이다. 이스라엘에게 하나님은 숭배자들로부터 예식 절차에 따라 제물이나 요구하는 평범한 신들 중 하나로 전락해 버린 것이다.

하나님에 대한 지식

호세아는 이스라엘의 근본적인 영적 문제는 하나님에 대한 지식이 없음에서 비롯되었음을 지속적으로 강조한다. 하나님을 아는 지식은 단순히 하나님에 관한 지식이 아니다. 사랑과 순종으로 하나님과 관계를 맺는다는 의미이다. 그러나 세월이 흐르면서 그들은 하나님을 아는 지식을 예식과 제사로 대체해 버렸다. 이제 그들은 하나님을 아는 고상한 지식을 회복해야 한다. 즉 하나님의 뜻에 순종하며 살아가는 것이 무엇을 의미하는지를 다시 배우고 실천해야 하는 것이다.

이스라엘의 배은망덕

선지자는 이스라엘과 하나님이 처음 만났을 때부터 자신의 시대에 이르기까지 지나온 역사를 회상하며 이스라엘의 망은을 비난하고 있다. 이스라엘의 비뚤어진 마음과 관점은 하나님께서 베푸신 은혜에 대해 배은망덕을 저지르고 있다. 유대교-기독교 성향을 한마디로 요약하면 기념하는 종교라고 할 수 있다. 우리는 지난날 하나님께서 베풀어 주신 은혜를 끊임없이 묵상하고 기념해야 하는 것이다. 하나님께서 베풀어 주신 은혜를 기념하는 일은 결코 과거에만 국한된 것이 아니라 지난날의 은혜를 묵상하면 현재와 미래에 대한 불안감과 불확실성을 해소해 준다.

심판과 구원

위의 여러 주제들이 보여 주는 것처럼 이스라엘은 타락할 대로 타락해 있다. 그러나 놀라운 것은 하나님의 사랑은 이런 이스라엘의 타락을 덮고도 남는다는 것이다. 하나님께서 이스라엘과 세우신 언약으로부터 불순종에 대한 심판과 순종에 대한 축복(구원)이 시작된다. 호세아서는 하나님을 아내에게 배신당하고 신음하는 남편의 모습으로 묘사하고 있다. 그런데 놀라운 것은 이 남편이 자신과 아이들을 버리고 창녀의 길로 돌아선 아내를 끝까지 버리지도, 잊지도 못하고 아내의 일 때문에 괴로워한다는 사실이다. 호세아는 자신의 책을 통해 우리에게 이렇게 선포한다. "하나님은 당신을 이렇게나 사랑하신다."

6. 개요

Ⅰ. 호세아와 가족(1:1-3:5)

1장 표제(1:1)

2장 결혼과 아이들(1:2-2:1)

3장 결혼의 의미(2:2-23)

4장 가출한 아내를 다시 집으로(3:1-5)

Ⅱ. 하나님과 이스라엘(4:1-11:11)

1장 여호와의 백성에 대한 논쟁(4:1-3)

2장 간음하는 백성(4:4-5:4)

3장 이스라엘과 유다에 대한 경고(5:5-6:11a)

4장 정치와 외교가 몰락을 재촉함(6:11b-7:16)

5장 다가오는 포로생활(8:1-9:9)

6장 이스라엘의 과거, 현재, 미래(9:10-11:11)

Ⅲ. 하나님과 백성(11:12-14:9)

1장 하나님의 백성에 대한 비난(11:12-12:14)

2장 배은망덕한 이스라엘의 소망(13:1-16)

3장 하나님께 돌아오라는 호소(14:1-9)

이상한 결혼

제1주

호세아 1:1–2:1

학습목표

1. 하나님께서 심판을 하시는 근본적인 목적은 관계 회복에 있다.
2. 하나님께서 주신 이름에는 의미가 부여되어 있다.

KEYWORD 이름, 심판, 회복

Ⅰ. 찬양과 기도

Ⅱ. 복습문제 풀이

복습

1 호세아서의 주요 메시지에 대해 기억나는 대로 적어보시오.

언약, 위기에 처한 이스라엘과 하나님의 관계, 형식에 치우쳐 버린 여호와 종교, 하나님에 대한 지식, 이스라엘의 배은망덕, 심판과 구원

Ⅲ. 말씀 호세아 1:1-2:1을 다함께 읽는다

1:1 웃시야와 요담과 아하스와 히스기야가 이어 유다 왕이 된 시대 곧
요아스의 아들 여로보암이 이스라엘 왕이 된 시대에 브에리의 아들 호
세아에게 임한 여호와의 말씀이라
2 여호와께서 처음 호세아에게 말씀
하실 때 여호와께서 호세아에게 이르시되 너는 가서 음란한 여자를 맞
이하여 음란한 자식들을 낳으라 이 나라가 여호와를 떠나 크게 음란함

이니라 하시니 3 이에 그가 가서 디블라임의 딸 고멜을 맞이하였더니 고멜이 임신하
여 아들을 낳으매 4 여호와께서 호세아에게 이르시되 그의 이름을 이스르엘이라 하라
조금 후에 내가 이스르엘의 피를 예후의 집에 갚으며 이스라엘 족속의 나라를 폐할 것
임이니라 5 그 날에 내가 이스르엘 골짜기에서 이스라엘의 활을 꺾으리라 하시니라
6 고멜이 또 임신하여 딸을 낳으매 여호와께서 호세아에게 이르시되 그의 이름을 로
루하마라 하라 내가 다시는 이스라엘 족속을 긍휼히 여겨서 용서하지 않을 것임이니
라 7 그러나 내가 유다 족속을 긍휼히 여겨 그들의 하나님 여호와로 구원하겠고 활과
칼이나 전쟁이나 말과 마병으로 구원하지 아니하리라 하시니라 8 고멜이 로루하마를
젖뗀 후에 또 임신하여 아들을 낳으매 9 여호와께서 이르시되 그의 이름을 로암미라
하라 너희는 내 백성이 아니요 나는 너희 하나님이 되지 아니할 것임이니라 10 그러나
이스라엘 자손의 수가 바닷가의 모래 같이 되어서 헤아릴 수도 없고 셀 수도 없을 것
이며 전에 그들에게 이르기를 너희는 내 백성이 아니라 한 그 곳에서 그들에게 이르
기를 너희는 살아 계신 하나님의 아들들이라 할 것이라 11 이에 유다 자손과 이스라엘
자손이 함께 모여 한 우두머리를 세우고 그 땅에서부터 올라오리니 이스르엘의 날이
클 것임이로다 2:1 너희 형제에게는 암미라 하고 너희 자매에게는 루하마라 하라

Ⅳ. 관찰 문제의 바른 답

말씀 돋보기 - 관찰

1 호세아는 모든 선지자들처럼 메시지를 전하기 전에 자신의 사역 시기를 나열한다. 언제인가?(호 1:1)

유다 왕 웃시야, 요담, 아하스, 히스기야, 이스라엘 왕 여로보암이 통치하던 시기

Tip 호세아는 자신이 남 왕국에서는 웃시야, 요담, 아하스 그리고 히스기야가 통치하던 시대에, 북 왕국에서는 여로보암 2세가 통치하던 시대에 사역했다고 밝히고 있다. 그러나 여로보암은 주전 793-753년에 50년 동안 군림했던 북 왕국의 왕이었으며, 이곳에 언급된 남 왕국 유다 왕들의 시대는 웃시야(792-740 BC)에서 시작하여 히스기야(716-687 BC)에 이른다. 이 왕들의 통치기간이 겹치지 않는 부분이 있는 것으로 보아 호세아는 사역의 시작과 사역 기간을 알리기 위해 남과 북 왕국의 왕들의 이름을 나열한 것으로 보인다. 그러므로 호세아는 북 왕국 이스라엘의 왕 여로보암 2세의 통치가 끝나갈 무

렵(대략 주전 750년대 말)에 사역을 시작하여 남 왕국 유다의 왕 히스기야의 통치가 시작될 무렵(대략 주전 710년대)까지 40여 년 동안 사역한 것으로 보인다. 선지자들의 활동 시기와 사역 범위를 제시하는 이유는 역사적 정황을 배경으로 해서 선지서를 이해하고 해석하기를 원하기 때문이다.

2 호세아가 하나님의 말씀에 의해 음란한 여자와 결혼하는데 이것은 어떤 의미인가?(호 1:2)

호세아와 음란한 여인의 결혼은 하나님과 이스라엘의 관계를 보여 준다.

Tip

호세아와 음란한 여인 고멜의 관계는 하나님과 이스라엘의 관계를 보여 주는 하나의 예이다. 그러므로 호세아와 창녀 고멜의 결혼은 단순히 호세아 선지자 개인의 비운을 보여 주는 것으로 그치지 않는다. 그것은 호세아에게 하나님의 심장을 품고 주의 백성들에게 하나님의 말씀을 전할 수 있는 자격과 관점을 제공하는, 그의 신학과 사역의 바탕이 되었다. 호세아가 음란한 여인과 결혼한 이후 선지자들은 이스라엘을 여호와의 음탕한 아내로 묘사하는 일이 일반화되었다.

3 호세아의 세 아이의 이름과 그 의미는 무엇인가?(호 1:4, 6, 9)

a) 이스르엘: 피흘림/피바다

b) 로루하마: 사랑받지 못할 자

c) 로암미: 내 백성이 아니다

Tip

〈호세아의 자녀들의 이름〉

순서	이름	성별	뜻	상징
첫째	이스르엘	아들	하나님께서 심으시다 호세아 – 피흘림/피바다	혹독한 심판과 하나님의 회복 시키심과 은총
둘째	로루하마	딸	사랑 받지 못할 자	더 이상 '사랑하는 관계'가 아님을 강조
셋째	로암미	아들	내 백성이 아니다	하나님과 이스라엘의 공식적 관계 단절 선언

4 로암미라고 부른 땅에서 임한 구원의 메시지는 무엇이며, 이는 어떤 의미를 내포하는가?(호 1:10-12)

살아계신 하나님의 아들들이라고 불리게 될 것이며, 하나님과 이스라엘과의 관계가 다시 회복될 것이다.

Tip 로암미(내 백성이 아니라 한 그 곳)에서 하나님은 이스라엘이 '살아계신 하나님의 아들들'이라고 불릴 것이라고 한다. 이 표현은 살아계신 하나님과 이스라엘의 매우 특별하고 생명력 가득한 관계를 강조하고 있다. 이스라엘이 살아계신 하나님의 자녀로 불리는 것은 다음과 같은 의미를 내포하고 있다.

1) 이스라엘과 하나님의 관계가 다시 회복되었다.

2) '살아계신 하나님'이란 표현은 이스라엘과 이방 나라들 사이에 군사적인 갈등이 있을 때 사용된다. 즉 전쟁과 연관된 표현이다.

3) '살아계신 하나님'은 생명과 생기를 주시는 분이시다.

5 아이들의 이름의 반전은 하나님이 궁극적으로 이루시고자 하는 것을 보여 준다. 그것은 무엇인가?(호 1:11-2:1)

하나님이 하시는 심판의 목적은 관계의 회복이다.

Tip 바로 앞 절까지 하나님과 이스라엘의 관계가 단절되었음을 선언했던 선지자는 갑자기 회복을 선언한다. 이것은 하나님의 심판의 목적이 회복에 있음을 의미한다. '로암미'와 '로루하마'가 '암미'와 '루하마'가 되는 이름의 변화는 앞으로 이스라엘에게 임할 구원을 기대하게 된다. 그러나 구원이 오기 전에 먼저 로암미, 로루하마에 대한 심판이 와야 한다. 먼저 죄에 대한 대가를 치른 다음에야 회복을 기대할 수 있는 것이다.

V. 적용과 나눔

삶의 내비게이션 - 적용

1 당신의 이름은 누가 지었으며, 어떤 의미를 갖고 있는가?

관찰문제 3번 참조. 아이가 태어나면 이름을 짓는다. 호세아도 아이들에게 이름을 지어 주었고, 그 이름의 의미가 남달랐다.

각자의 이름은 누가 지어 주었는지 이야기를 나누어 보도록 한다. 처음 모인 성경공부 모임이라면 이름을 소개하면서 그 이름에 얽힌 이야기를 함께 나눈다면 서로를 기억하는데 도움이 될 것이다. '부모님이', '조부모님이', '작명소에서', '목사님이' 등 다양한 이야기가 나올 것이다. 그러면 그 이름의 의미에 대해서도 이야기 나누어 보도록 한다.

2 선지서의 하나님은 심판을 즐기시는 하나님으로 보인다. 그러나 하나님은 그 백성을 파멸과 죽음으로 내모는 심판을 즐기시는 분이 아니시다. 주님의 심판은 회복을 위함이다. 당신이 하나님께 벌을 받는다고 생각되는 상황에서 느껴지는 하나님의 마음은 무엇인가?

관찰문제 5번 참조. 하나님의 심판의 목적은 우리와의 관계 회복에 있다. 그러나 막상 심판을 받는 동안은 지옥과 같을 것이다. 마치 하나님께서 나를 버리셨다고 생각될 것이고, 내 기도는 응답해 주지 않으신다고, 나만 미워하신다고 생각할 수 있다. 그러나 그 때 하나님의 마음은 우리가 빨리 죄에서 돌이키기를 원하시며, 자신과의 관계가 회복되어 이전보다 더 돈독해지기를 원하시는 아픈 마음일 것이다.

각자가 하나님께 벌을 받는다고 생각되는 상황에서 하나님의 마음을 생각해 본 적이 있는지, 또 그때 느꼈던 하나님의 마음은 무엇이었는지 이야기 나누어 보도록 한다. 하나님의 마음을 생각해 보지 못한 사람들도 그때의 기억을 떠 올리며 하나님의 마음을 알아 가는 시간이 되도록 한다.

3 호세아는 하나님의 특별한 사명을 위해 고멜과 결혼해야 했다. 만일 당신에게 고멜과 같은 배우자와 결혼하라고 명하신다면 당신은 어떻게 반응하겠는가?

관찰문제 2번 참조. 호세아와 고멜의 결혼은 이스라엘과 하나님의 관계를 위한 하나의 예로 보이시려고 명하신 것이었다. 그러나 막상 결혼한 호세아에게는 너무도 힘든 시간이었을 것이다.

각자가 자신이 호세아의 경우라면 어떻게 반응했을지 이야기 나누어 보도록 한다. 긍정적으로 반응한다면 그 이유는 무엇인가 말해 보도록 한다. 또한 절대로 결혼하지 못하겠다는 사람도 있을 수 있다. 그 이유도 나누어 보도록 한다. 정답은 없다. 각자가 이 문제에 어떻게 대답을 하는지 개인을 알아가는 시간이 될 것이다.

4 하나님의 백성이라고 자부하는 이스라엘에게 '로암미'라고 부르겠다는 하나님의 말씀은 청천벽력과도 같다. 당신이 크리스천이라고 자부한다면 하나님 아버지의 자녀로서 당신이 가진 특징은 무엇인가?

관찰문제 3번, 4번 참조. 자신들만이 하나님의 백성이라고 자만하던 이스라엘에게 로암미는 청천벽력과 같은 경고였다. 하나님의 백성이라면 하나님께서 기뻐하시는 경건한 삶을 살아야 할 것이다.
각자가 하나님 아버지의 자녀로서 갖고 있는 특징은 무엇인지 이야기 나누어 보도록 한다. 그리고 이스라엘처럼 로암미가 되지 않기 위해서 절제하고 경계해야 하는 것에는 어떤 것이 있는지 이야기를 나누어 보도록 한다.

5 자신의 신앙 고백을 담아 이름을 다시 만든다면 어떤 이름으로 불려지고 싶은가?

관찰문제 5번 참조. 아이들의 이름의 반전을 통해서 하나님과 이스라엘의 관계에도 반전을 기대하게 된다. 각자가 자신의 신앙 고백을 담아 이름을 만들어 보도록 한다.
예) 하음: 하나님의 음률, 하사: 하나님의 사람

Ⅵ. 마무리

- 기도로 마무리한다.
- 제2주 관찰 문제를 예습해 오도록 한다.
- 실천 과제를 제시한다.

생활의 아로마 - 실천

예 1) 이름대로 살기 위해 결단하도록 한다.
– 잘 보이는 곳에 이름을 적어 붙이고 실천하기
2) 하나님의 자녀다운 특징이 나타나고 드러나도록 일주일동안 실천하면서 산다.

축복의 근원

제2주

호세아 2:2-13

학습목표

1. 우리가 누리는 축복의 근원이 누구인지를 알 수 있다.
2. 하나님의 심판으로 하나님에 대한 예배를 폐하심을 알 수 있다.

KEYWORD 감사, 축복의 근원, 예배

Ⅰ. 찬양과 기도

Ⅱ. 지난주 실천 과제 나눔

Ⅲ. 복습문제 풀이

복습

1 호세아가 하나님의 말씀에 의해 음란한 여자와 결혼하는데 이것은 어떤 의미인가?(호 1:2)

호세아와 음란한 여인의 결혼은 하나님과 이스라엘의 관계를 보여준다.

Ⅳ. 말씀 호세아 2:2-13을 다함께 읽는다

2:2 너희 어머니와 논쟁하고 논쟁하라 그는 내 아내가 아니요 나는 그의 남편이 아니
라 그가 그의 얼굴에서 음란을 제하게 하고 그 유방 사이에서 음행을 제하게 하라 3
그렇지 아니하면 내가 그를 벌거벗겨서 그 나던 날과 같게 할 것이요 그로 광야 같이
되게 하며 마른 땅 같이 되게 하여 목말라 죽게 할 것이며 4 내가 그의 자녀를 긍휼히
여기지 아니하리니 이는 그들이 음란한 자식들임이니라 5 그들의 어머니는 음행하였
고 그들을 임신했던 자는 부끄러운 일을 행하였나니 이는 그가 이르기를 나는 나를 사
랑하는 자들을 따르리니 그들이 내 떡과 내 물과 내 양털과 내 삼과 내 기름과 내 술
들을 내게 준다 하였음이라 6 그러므로 내가 가시로 그 길을 막으며 담을 쌓아 그로
그 길을 찾지 못하게 하리니 7 그가 그 사랑하는 자를 따라갈지라도 미치지 못하며 그
들을 찾을지라도 만나지 못할 것이라 그제야 그가 이르기를 내가 본 남편에게로 돌아
가리니 그 때의 내 형편이 지금보다 나았음이라 하리라 8 곡식과 새 포도주와 기름은
내가 그에게 준 것이요 그들이 바알을 위하여 쓴 은과 금도 내가 그에게 더하여 준 것
이거늘 그가 알지 못하도다 9 그러므로 내가 내 곡식을 그것이 익을 계절에 도로 찾
으며 내가 내 새 포도주를 그것이 맛 들 시기에 도로 찾으며 또 그들의 벌거벗은 몸을
가릴 내 양털과 내 삼을 빼앗으리라 10 이제 내가 그 수치를 그 사랑하는 자의 눈 앞에
드러내리니 그를 내 손에서 건져낼 사람이 없으리라 11 내가 그의 모든 희락과 절기와
월삭과 안식일과 모든 명절을 폐하겠고 12 그가 전에 이르기를 이것은 나를 사랑하는
자들이 내게 준 값이라 하던 그 포도나무와 무화과나무를 거칠게 하여 수풀이 되게 하
며 들짐승들에게 먹게 하리라 13 그가 귀고리와 패물로 장식하고 그가 사랑하는 자를
따라가서 나를 잊어버리고 향을 살라 바알들을 섬긴 시일대로 내가 그에게 벌을 주리
라 여호와의 말씀이니라

Ⅴ. 관찰 문제의 바른 답

말씀 돋보기 - 관찰

1 호세아의 권면을 통해서 하나님께서 이스라엘에서 제거되기를 바라는 것은 무엇인가?(호 2:2)

음란과 음행

Tip 호세아는 고멜에게 문란하고 음란한 삶의 모든 것을 버리고 돌아서라고 호소한다. 그녀가 그 길에서 몸과 마음을 완전히 되돌릴 때 수치를 면하게 될 것이라는 경고이다. 물론 이 권면은 하나님께서 이스라엘에게 하시는 말씀이다. 하나님께서는 그의 백성이 입으로만 회개하는 것이 아니라 자신들의 마음과 삶의 방식을 바꾸어 가기를 간절히 바라신다. 성경에서는 나라와 민족의 우상숭배를 음란과 음행과 연결하여 표현하고 있다.

얼굴: 인격과 의지 상징

젖가슴: 성적 뉘앙스를 지닌 상징

2 그들의 어머니, 그들을 임신했던 자는 자신이 받은 축복을 누가 주었다고 하는가?(호 2:5)

나를 사랑하는 자들(우상)

Tip 이스라엘은 하나님께서 내려주신 풍요로움을 모두 나를 사랑하는 자들, 즉 정부들(우상)이 준 것이라고 자랑하며 하나님을 버리고 그를 따랐다. 하나님은 아내 이스라엘에게 온갖 풍요로움을 안겨 주고도 무시당하고 버림받은 남편이 되었다.

이스라엘이 바알을 찾은 이유는 그가 태풍의 신으로서 비를 준다고 믿었기 때문이다.

3 음란과 음행으로 방황하는 이스라엘에게 하나님은 어떻게 행하셨는가?(호 2:3-6)

발가벗기고, 굶주리게 하겠다고 경고하시고, 외도를 막기 위해 담과 가시나무를 치셨다.

Tip 하나님께서는 그들을 발가벗겨서 내쳐 굶어 죽게 하시겠다고 경고하시고(3절) 그냥 내버려 두시는 것이 아니라, 아내 이스라엘의 외도를 막기 위해 이스라엘이 정부를 찾아가는 길에 담을 쌓고 가시 나무를 두어 스스로 가던 길을 포기하고 남편에게로 돌아오도록 유도하셨다(6절). 아내 이스라엘을 바라보는 남편 하나님의 감정은 분노보다는 어떻게 해서든 외도한 아내를 다시 제자리로 돌아올 수 있도록 은혜를 베푸는 애틋함이 있다.

4 하나님께서는 하나님의 축복을 바알이 내려주었다고 하는 이스라엘에게 어떻게 하실 것인가?(호 2:8)

모든 풍요를 제거하신다

Tip 이스라엘의 삶을 풍요롭게 했던 곡식, 포도주, 기름, 금과 은 등이 모두 제거된다. 하나님께서 이미 주신 것들을 다시 거두시는 이유는 아내 이스라엘이 배은망덕한 행동을 하고 있기 때문이다. 하나님께서 그녀에게 여러 가지 풍요를 주셨지만 그녀는 오히려 바알에게 감사했을 뿐만 아니라 바알과 놀아나는데 사용한 것이다.

5 이스라엘이 경험할 심판은 무엇인가?(호 2:11-13)

a) 모든 종교적 예식과 축제 폐지

b) 땅의 기근

c) 포로로 끌려감

Tip 호세아는 11-13절을 통해 이스라엘이 경험할 심판을 세 단계로 설명한다.

〈심판의 세 단계〉

	심판의 선포	구체적 현실
11절	모든 종교적 예식과 축제 폐지	초하루, 안식일, 그 외 절기 및 예배 모임 폐함
12절	땅의 기근	포도 나무, 무화과 나무(과실 재배)의 기근
13절	포로로 끌려감	자유박탈, 억압, 바알 종교와 간음한 결과

Ⅵ. 적용과 나눔

삶의 내비게이션 - 적용

1 하나님은 외도하는 이스라엘을 막기 위해 담을 쌓고 가시나무를 예비하신다. 당신이 경험한 하나님의 담과 가시나무에는 어떤 것이 있었는가?

관찰문제 3번 참조. 하나님께서는 우리가 죄의 길에 들어서지 않도록 우리의 길을 막으시기도 한다. 하나님의 인도하심을 좋은 길로도 보여 주시지만 때로는 험한 경고로 보여 주시기도 한다. 학교진학 문제에서도 우리가 신앙생활을 유지하기 어려운 경우라면 막으시기도 한다. 죄의 길에 들어서는 것을 방지하기 위해 취직을 늦추시기도 하신다.

각자가 경험한 하나님의 담과 가시나무에는 어떤 것이 있는지 이야기 나누어 보도록 한다. 당시에는 원망했으나 지금 생각해보면 하나님의 은혜였던 추억을 나누어 보도록 한다. 그러나 우리는 이것이 사단의 시험인지 하나님께서 주시는 것인지 깨닫지 못하는 경우도 있다. 인도자는 하나님의 시험과 사단의 시험에 대해 이야기가 나올 경우 이 두 가지를 구분하는 방법에 대해 이야기를 나누어 본다.

하나님의 시험	사단의 시험
율법을 준행하는가 알기 위해(출 20:20) 하나님을 사랑하는가 알기 위해(신 13:3) 믿음이 간절한가 알기 위해(고후 8:22) 직분을 맡을 만한가 알기 위해(딤전 3:10)	하나님보다 세상을 더 사랑(요일 2:15-17) 범죄(갈 6:1) 자기 욕심에 이끌려(약 1:13,14)

2 현재 당신이 알고 있는 자연 파손에는 어떤 것이 있는가? 자연이 파괴되는 것은 누구의 책임인가?

관찰문제 2번 참조. 이스라엘은 죄를 지었기 때문에 심판을 받아 끌려가는 것이 당연한 일이지만 그들이 살던 땅도 심판을 받아 황무지로 변한다. 성경은 어느 땅이든지 거주민들의 죄가 그 땅을 더럽히고 오염시킨다고 한다. 그러므로 거주민들이 심판을 받아 그 땅을 비우게 되면 그 땅도 방치된 상태에서 오염과 부정을 씻어 내야 한다. 죄 지은 사람들이 치유가 필요한 만큼 그들이 살던 땅도 치유와 회복이 필요하다는 것이 성경의 가르침이다. 그러므로 자연의 파괴는 그 땅에 살고 있는 사람들의 죄로 인한 것이다.

현재 자연이 어떻게 파손되어 가고 있는지 아는대로 이야기해 보도록 한다. 그리고 그것이 누구의 책임인지도 이야기 나누어 보도록 한다.

예) 무절제한 나무 벌채로 인한 사막화 그리고 황사 현상, 오존층의 손상으로 인한 지구 온난화 등

3 하나님께 받은 축복에 대해 당신은 어떻게 감사하고 있는가?

관찰문제 4번 참조. 이스라엘은 하나님께 받은 축복을 바알이 준 것이라고 자랑하고 하나님을 버렸다. 우리의 생활을 돌아보면 하나님께 받은 축복이 많을 것이다. 그러

나 과연 그 부분에 대해 감사하고 있는가 생각해 보도록 한다. 받은 축복의 원인이 '부모를 잘 만나서', '내가 잘나서', '직장이 좋아서'라고 생각한다면, 그도 하나님이 아니라 바알이 준 것이라고 자랑하는 이스라엘과 다를 바가 없다. 어디서부터 오는 축복인지 발생의 근원지를 파악하고 기억하는 것이 하나님과의 관계를 지속하는 좋은 방법이다.

각자가 하나님께 받은 복에 대해 어떻게 감사하고 있는지 말해보도록 한다. 그리고 제대로 감사하지 못하고 있다면 이번 기회를 통해 하나님께 감사하는 시간을 갖도록 한다. 돌아가면서 하나님께 감사의 제목으로 감사의 기도를 드리는 것도 유익하다.

4 세상 모든 사람들이 창조주 하나님께 예배를 드리지는 않는다. 오직 하나님의 백성으로 부르심을 입은 사람만이 하나님께 예배를 드릴 수 있는 특권이 있다. 그런데 하나님께서 이스라엘이 당할 심판으로 첫째로 예배를 금하신다. 당신에게 있어서 예배는 무엇인가?

관찰문제 5번 참조. 간혹 하나님께 드리는 예배를 주의 백성이 져야 할 짐 정도로 생각하는 사람들이 있다. 그러나 성경은 예배를 의무로 규정하지 않는다. 예배는 하나님께서 주신 특권이다. 선택 받은 백성에게만 허락하신 축복이다. 그러므로 하나님의 심판이 시작되면 가장 먼저 하시는 것이 예배를 금하는 일이다.

각자에게 예배는 어떤 의미인지 이야기를 나누어 보도록 한다. 일부는 어쩔 수 없이 드리는 짐으로 생각하는 사람이 있을 수 있다. 인도자는 그 사람을 죄인으로 몰아서는 안된다. 스스로 깨닫고 예배에 대해 바르게 인식하고 앞으로 예배에 바르게 임할 수 있도록 돕는다.

Ⅶ. 마무리

- 기도로 마무리한다.
- 제3주 관찰 문제를 예습해 오도록 한다.
- 실천 과제를 제시한다.

생활의 아로마 - 실천

예 1) 간구의 기도를 접고, 일주일 내내 감사기도만 드리도록 한다.
2) 예배에 늦지 않도록 30분 일찍 와서 준비한다.

내 남편

호세아 2:14-23

학습목표

1. 하나님의 심판이 끝나면 회복된 관계가 더 강화된다는 것을 알 수 있다.
2. 심판하시고, 관계를 회복하시는 하나님의 마음을 알 수 있다.

KEYWORD 관계 회복, 감동

Ⅰ. 찬양과 기도

Ⅱ. 지난주 실천 과제 나눔

Ⅲ. 복습문제 풀이

복습

1 음란과 행음으로 방황하는 이스라엘에게 하나님은 어떻게 행하셨는가?(호 2:3-6)

발가벗기고, 굶주리게 하겠다고 경고하시고, 외도를 막기 위해 담과 가시나무를 치셨다.

Ⅳ. 말씀 호세아 2:14-23을 다함께 읽는다

2:14 그러므로 보라 내가 그를 타일러 거친 들로 데리고 가서 말로 위로하고 15 거기서
비로소 그의 포도원을 그에게 주고 아골 골짜기로 소망의 문을 삼아 주리니 그가 거기
서 응대하기를 어렸을 때와 애굽 땅에서 올라오던 날과 같이 하리라 16 여호와께서 이
르시되 그 날에 네가 나를 내 남편이라 일컫고 다시는 내 바알이라 일컫지 아니하리라
17 내가 바알들의 이름을 그의 입에서 제거하여 다시는 그의 이름을 기억하여 부르는
일이 없게 하리라 18 그 날에는 내가 그들을 위하여 들짐승과 공중의 새와 땅의 곤충
과 더불어 언약을 맺으며 또 이 땅에서 활과 칼을 꺾어 전쟁을 없이하고 그들로 평안
히 눕게 하리라 19 내가 네게 장가 들어 영원히 살되 공의와 정의와 은총과 긍휼히 여
김으로 네게 장가 들며 20 진실함으로 네게 장가 들리니 네가 여호와를 알리라 21 여
호와께서 이르시되 그 날에 내가 응답하리라 나는 하늘에 응답하고 하늘은 땅에 응답
하고 22 땅은 곡식과 포도주와 기름에 응답하고 또 이것들은 이스르엘에 응답하리라
23 내가 나를 위하여 그를 이 땅에 심고 긍휼히 여김을 받지 못하였던 자를 긍휼히 여
기며 내 백성 아니었던 자에게 향하여 이르기를 너는 내 백성이라 하리니 그들은 이르
기를 주는 내 하나님이시라 하리라 하시니라

Ⅴ. 관찰 문제의 바른 답

말씀 돋보기 - 관찰

1 하나님의 심판이 끝나면 무엇을 회복시키는가?(호 2:15,16)

풍요를 회복

Tip

하나님의 심판이 끝나면 이스라엘에게 풍요를 다시 돌려 주신다. 포도원을 돌려 주셔서 이스라엘이 오랫동안 거기 살면서 포도를 즐길 수 있게 하실 것이며, 아골 골짜기가 소망의 문이 될 것이다. 또한 이집트에서 나오던 이스라엘을 기뻐하셨던 것처럼 이스라엘을 기뻐하실 것이다.

여기서 사용되는 이미지와 언어들은 모두 정복 시대를 연상하게 한다. '아골 골짜기'는 아간이 여호와의 성소에 들여놓을 물건들을 취하였다가 그의 온 가족이 진멸 당하여 묻힌 곳이다(수 7:26). 이곳에서 아골 골짜기가 언급되는 것은 호세아 시대의 이스라엘 사람들이 하나님께서 취하지 말라고 명하신 것들을 취하고 있음을 암시한다.

그러나 하나님께서는 은혜로 아골 골짜기의 의미를 바꾸실 것이다. 아골 골짜기는 더 이상 부끄러움과 심판의 장소가 아니라 소망과 회복의 장소가 될 것이다. 하나님의 심판이 끝나면 관계가 다시 회복되고 더 강화된 관계가 될 것이다.

2 그날이 되면 하나님의 호칭에 변화가 있는데 그것은 무엇이며, 어떤 의미를 내포하고 있는가?(호 2:16)

나의 남편이라 부르고 다시는 나의 바알이라 부르지 않을 것이다.

주–종 관계가 아닌 남편–아내의 관계로, 하나님과 더 강화된 관계로 회복될 것이다.

Tip 선지자는 '그 날'이 되면 이스라엘은 여호와를 '나의 남편'이라고 부르고 다시는 '나의 바알'이라 부르지 않을 것이라고 선언한다.

'나의 바알'이라는 말에는 두 가지 뜻을 내포하고 있다. 첫째, 이스라엘은 더 이상 여호와를 바알과 혼돈 하는 죄, 즉 하나님께서 주신 것을 바알이 주었다고 주장하며 살지 않을 것이다. 둘째, '바알'은 한 종류의 우상을 칭하는 고유명사지만, 동시에 일반명사로서 '주인'을 뜻하기도 하는데, 본문에서는 두 번째 의미로 쓰였다. 즉 선지자가 예언하는 날이 이르면 하나님과 이스라엘의 관계가 더 이상 주–종 관계가 아니라 남편–아내 관계로 이해될 것이다.

3 선지자는 남편 하나님께서 아내 이스라엘을 대하는 태도와 자세를 네 가지로 표현하는데 그것은 무엇이며, 이렇게 하시는 하나님의 궁극적인 목적은 무엇인가?(호 2:19,20)

a) 공의, 정의, 은총, 긍휼

b) 목적: 하나님을 알게 하기 위함

Tip 선지자는 남편 하나님께서 이스라엘을 대하시는 태도와 자세를 '공의', '공평', '사랑', '긍휼'의 네 가지로 표현한다. 이는 성경에서 대체로 하나님과 다윗의 후손에게 적용되는 이상적인 모습들이다. 하나님께서 이스라엘과의 관계를 이보다 좋을 수 없는, 최고로 좋은 마음으로 맺으실 것을 다짐하시는 것이다.

〈이스라엘을 대하시는 남편 하나님의 네 가지 태도〉

	내용	의미
공의	백성들을 하나님의 눈에 의롭게 보이게 하는 것	수직관계, 완벽한 사랑
공평	쌍방에게 합리적이고 균형적으로 적용될 것을 보장	수평관계, 일방적 선하심
사랑	하나님의 관계에 관한 절대적 충실 전제	언약적 충성
긍휼	사무적 관계가 아닌 인격적, 따뜻한 관계 보장	다시 사랑하실 것을 선언

하나님께서 이스라엘에게 다정하게 속삭이시고, 자연을 회복시키시고, 사랑과 공의로 그를 대하시는 **궁극적인 목적은 하나님을 알게 하기 위함이다.** 바울도 죽기 전에 마지막으로 소망하는 것이 '예수를 더 아는 것'이었다(빌 3:8-10).

4 하나님께서 응답하시면 땅의 변화가 네 단계로 진행되는데 그것은 무엇이며, 마지막 응답의 의미는 무엇인가?(호 2:21-22)

a) 하늘이 응답하여 비를 내리고

b) 비를 받은 땅이 응답하고

c) 땅은 곡식과 포도주와 기름을 내고

d) 이것들은 이스르엘에 응답한다.

이스르엘의 응답의 의미: 하나님께서 주의 백성을 회복하실 것이다.

Tip

하나님께서 하늘에 명령을 하시니 하늘이 비를 내린다. 이스라엘은 비를 주는 이가 하나님이지 바알이 아니라는 점을 마음에 새겨야 한다. 비를 받은 땅은 소산물(곡식, 포도주, 올리브 기름 등)을 생산한다. 이 소산물들은 이스라엘의 필요를 채워준다. 특히 포도주와 기름은 잔치와 풍요로움을 상징한다. 선지자가 이스라엘을 이스르엘로 부르는 이유는, 이스르엘은 이스라엘의 갈등과 패배를 상징하는 곳이었기 때문이다. 그러나 이제 이스라엘은 '하나님께서 심으신다'라는 이스르엘의 원래 의미에 따라 회복될 것이다. 그러므로 이제 하나님께서 원래의 기능을 회복시키시고 주의 백성이 절대로 굶주리지 않게 하겠다는 의미이다.

5 그날에 아이들의 이름은 어떻게 변화되는가?(호 2:22b-23)

a) 피바다 → 하나님께서 심으신다(의미의 변화)

b) 긍휼히 여김을 받지 못한 자 → 긍휼히 여기는 자

c) 내 백성이 아니다 → 내 백성이다

Tip 이스라엘을 다시 아내로 맞이하는 그날 긍휼히 여김을 받지 못한 로루하마가 긍휼히 여김을 받는 루하마로 바뀐다. 내 백성이 아니라고 했던 로암미가 내 백성이라는 암미로 변화한다. 아내 이스라엘뿐만 아니라 그의 아이들(이스라엘 백성들)까지도 새로운 정체성을 부여 받고 있다.

〈심판 후의 회복〉

	본문	회복의 종류
2:14	말로 위로하고	마음의 회복
2:16	내 남편이라	부부관계의 회복
2:18a	들짐승과 공중의 새 …	자연의 회복
2:18b	활과 칼을 꺾어	평화의 회복
2:19	내가 네게 장가 들어 …	결혼의 회복
2:21-22	나는 땅에 응답하고 …	땅의 회복

Ⅵ. 적용과 나눔

삶의 내비게이션 - 적용

1 당신이 기대하는 '그날'은 무엇이 있고 무엇은 없는 날인가?

관찰문제 5번 참조. '그날'은 선지자들이 앞으로 다가올 종말의 날을 이야기할 때 자주 사용하는 표현이다. 즉 호세아는 미래의 일을 예언하고 있는 것이다. 이는 설명을 듣는 이들이 그 순간 그 자리에서 회개하고 하나님의 뜻에 따라 개혁을 이루어 나갈 것을 호소하는 것이다. 미래의 일을 깨달았으면 당장 그에 대비한 작업을 시작하라는 의미이다. 이처럼 종말론은 사람들에게 현실적인 차원에서 호소해야 한다. 종말론이 단순히 종말에 대한 이야기로 머물지 않고, 오늘 이 순간에 우리가 더욱 거룩하게 살 수 있도록 권면하는 활력소가 되어야 할 것이다. 그러나 우리는 종말론을 먼 미래에 일어날 단순한 일로 생각하는 경우가 많다. 각자가 '그날'에 있었으면 하는 것과 없기를 원하는 것은 무엇인지 이야기 나누어 보도록 한다.

2 당신이 알고 있는 하나님은 어떤 분이시며, 하나님을 알기 위해 어떤 노력을 하는가?

관찰문제 2번, 3번 참조. 호세아에게 하나님을 아는 지식보다 더 고귀한 것은 없다. 하나님의 모든 은총과 사역은 사람들이 하나님을 아는 데 목적을 두고 베풀어지고 이루어진다. 이 세상에서 우리가 사역하고 수고하는 최종 목적은 바로 하나님을 더 아는 것이다.

각자가 알고 있는 하나님은 어떤 분이신지 이야기를 나누어 보도록 한다. 그리고 하나님을 알기 위해 어떤 노력을 하고 있는지 이야기를 나누어 본다. 좋아하는 연예인이 있으면 그의 모든 것을 알고자 노력한다. 하루 일정까지 모두 파악하고 있는 열성팬들도 있다. 연예인을 좋아하는데도 정성과 시간과 돈을 투자하는데 하나님을 알기 위해서는 어떤 노력을 하는지 말해 보고, 만일 지금은 아무것도 하고 있지 않다면 앞으로 어떻게 할 것인가 이야기해 보도록 한다.

3 내가 현재 가장 치열하게 붙드는 하나님의 성호는 무엇인가?

관찰문제 3번 참조. 각자가 처한 상황에 따라 하나님의 성호가 달라질 것이다. 아픈 사람에게는 치료의 하나님이 필요하고, 약한 사람에게는 강한 능력의 하나님이 절실할 것이다.

각자가 현재 가장 치열하게 붙드는 하나님의 성호에 대해 말해 보도록 한다. 각자의 상황과 형편에 따라, 성향에 따라 하나님에 대한 성호에 차이가 있을 것이다. 이 문제에는 틀린 답은 없다. 다만 서로 다른 답이 존재할 뿐이다.

Ⅶ. 마무리

- 기도로 마무리한다.
- 제4주 관찰 문제를 예습해 오도록 한다.
- 실천 과제를 제시한다.

생활의 아로마 - 실천

예 1) 그날을 준비하며 기대하며 일주일 동안 살도록 한다.
2) 하나님을 알기 위해 말씀을 매일 각자 정한 분량대로 읽도록 한다.

다시 집으로

호세아 3:1-5

학습목표

1. 대가를 지불하고 다시 집으로 돌아오게 하는 하나님의 은혜와 사랑을 알 수 있다.

KEYWORD 순종, 하나됨

Ⅰ. 찬양과 기도

Ⅱ. 지난주 실천 과제 나눔

Ⅲ. 복습문제 풀이

복습

1 하나님의 심판이 끝나면 무엇을 회복시키는가?(호 2:15, 16)

풍요를 회복

2 선지자는 남편 하나님께서 아내 이스라엘을 대하는 태도와 자세를 네 가지로 표현하는데 그것은 무엇이며, 이렇게 하시는 하나님의 궁극적인 목적은 무엇인가?(호 2:19, 20)

a) 공의, 정의, 은총, 긍휼

b) 목적: 하나님을 알게 하기 위함이다

Ⅳ. 말씀 호세아 3:1-5을 다함께 읽는다

3:1 여호와께서 내게 이르시되 이스라엘 자손이 다른 신을 섬기고 건포도 과자를 즐길
지라도 여호와가 그들을 사랑하나니 너는 또 가서 타인의 사랑을 받아 음녀가 된 그
여자를 사랑하라 하시기로 2 내가 은 열다섯 개와 보리 한 호멜 반으로 나를 위하여
그를 사고 3 그에게 이르기를 너는 많은 날 동안 나와 함께 지내고 음행하지 말며 다
른 남자를 따르지 말라 나도 네게 그리하리라 하였노라 4 이스라엘 자손들이 많은 날
동안 왕도 없고 지도자도 없고 제사도 없고 주상도 없고 에봇도 없고 드라빔도 없이
지내다가 5 그 후에 이스라엘 자손이 돌아와서 그들의 하나님 여호와와 그들의 왕 다
윗을 찾고 마지막 날에는 여호와를 경외하므로 여호와와 그의 은총으로 나아가리라

Ⅴ. 관찰 문제의 바른 답

말씀 돋보기 - 관찰

1 고멜은 어떤 상황에 처해 있었는가?(호 3:1,2)

늙은 창녀로 창녀의 가치가 없어 경매시장에 나온 상태이다.

Tip 호세아는 결혼하기 전부터 몸을 팔던 여자 고멜을 아내로 맞이했다. 그녀에게 새로운 출발을 주어 인간답게 살게 하기 위해서였다. 그러나 고멜은 남편 호세아의 배려와 사랑을 별로 달갑지 않게 생각했다. 그와 살면서 세 아이를 낳았는데 그 중 둘은 외도를 통해 태어난 아이들이었다. 얼마 후 고멜은 남편과 자식들을 버리고 가출하여 다시 창녀의 길로 들어섰다. 세월이 흘러 고멜은 늙었다. 이제는 손님들도 찾지 않는 늙은 창녀가 되었다. 날이 갈수록 포주에게 빚만 늘어갔다. 더 이상 고멜이 창녀로서의 가치가 없다고 생각한 포주는 고멜이 진 빚을 받아내기 위해 그녀를 노예로 팔아 버리기도 한다.
고멜은 세상에서 가장 천한 직업이라 할 수 있는 매춘계에서도 버림을 받았다. 세상은 그녀가 어떤 이용가치도 없다며 완전히 버렸다. 이러한 고멜의 상황은 이스라엘이 처한 시대적인 배경을 잘 반영하고 있다.

2 하나님은 호세아에게 무엇을 명령하셨는가?(호 3:1)

음녀가 된 그 여자를 사랑하라.

Tip

하나님께서 호세아에게 내리신 명령은 단순히 "너는 가서 다른 남자의 사랑을 받고 음녀가 된 여인을 사랑하라"는 것이다. 이 여인의 이름을 고멜이라고 밝히지 않고 아내라고 부르지도 않는 데는 상징적인 의미가 있다. 간음한 이스라엘을 하나님의 아내로 여길 수 없듯이 가출한 후 창녀로 몸을 팔고 있던 고멜을 더 이상 호세아의 아내로 여길 수 없음을 의미한다.

3 호세아가 지불한 몸값은 얼마인가?(호 3:2)

은 열다섯 개와 보리 한 호멜 반

Tip

호세아는 돈과 곡식을 가지고 가서 고멜을 사서 집으로 데려왔다. 그가 치른 값은 보리 1.5호멜(약 330리터)과 은 15세겔(약 166그램)이었다. 당시 노동자의 1년 수입이 은 5–10세겔이었으므로 호세아는 노동자의 2–3년의 봉급에 해당하는 큰 돈을 지불한 것이다. 또한 곡식까지 가져간 것은 구할 수 있는 돈을 모두 구했지만 그래도 부족해서 자신이 먹고 살아야 할 식량까지 가져간 것으로 보인다.

4 호세아와 고멜의 근신이 상징하는 것은 무엇인가?(호 3:3,4)

이스라엘이 멸망한 후에 비로소 여호와께로 돌아올 것을 상징한다.

Tip

호세아가 고멜의 몸값을 치르고 집으로 데려와 오랫동안 근신을 시키는 것은 하나님과 이스라엘의 관계를 상징적으로 보여준다. 이스라엘은 오랫동안 '왕도 통치자도 없이, 희생제물도 돌기둥도 없이, 에봇도 드라빔도 없이 살게 될 것이다.' 이것은 이스라엘의 왕권과 종교가 함께 없어질 것을 의미하며 곧 나라가 망하게 될 것이라는 의미이다. 이스라엘은 나라가 망한 다음에야 비로소 여호와께로 돌아올 것을 상징적으로 보여준다.

*건포도 과자: 건포도를 넣은 빵. 고단백 먹거리로, 이것을 먹는 것 자체에 문제가 있는 것이 아니다. 건포도가 이방 신들을 섬기는 데 사용된 것이 문제이다.

5 이스라엘 자손이 찾는 그들의 왕 다윗은 누구를 의미하는가?

메시아

Tip 다윗 왕은 메시아를 뜻한다. 메시아가 오면 두 왕국은 그의 통치 아래 다시 하나가 될 것이며, 왕권을 놓고 빚어지는 모든 혼란이 막을 내릴 것이다. 열방의 왕들에게 보호를 요청하는 일도 없어질 것이다. 물론 이 일은 마지막 날에 이루어지는 일이다.

VI. 적용과 나눔

삶의 내비게이션 - 적용

1 하나님은 몸값을 지불하고 창녀가 된 아내를 다시 사랑하라고 호세아에게 명령하신다. 당신이 호세아라면 어떻게 할 것 같은가?

관찰문제 2번 참조. 창녀가 된 아내를 다시 사랑하라는 명령에 호세아는 순종한다. 과연 우리들도 순종할 수 있는가를 생각해 보게 하는 문제이다. 호세아와 고멜의 관계는 하나님과 이스라엘의 관계를 상징적으로 보여주는 것이지만 그것이 현실에서 우리에게 닥친다면 과연 어떻게 대처할 것인가 각자 이야기를 나누어 보도록 한다. 인도자는 편한 분위기에서 각자의 생각을 자연스럽게 이야기하도록 한다. 한 사람이 너무 오랫동안 이야기하는 것은 바람직하지 않다.

2 당신은 당신의 몸값을 알고 있는가? 만일 몸값을 책정해 본다면 얼마인가?

관찰문제 3번 참조. 출애굽기 21:32에는 당시 고멜과 같은 처지에 있는 여자 노예들의 몸값을 은 30세겔이라고 한다. 신명기 22:29는 아내를 얻기 위해 처가에 치르는 몸값을 은 50세겔로 정한다. 이러한 정황을 고려할 때 고멜같은 여자 노예의 몸값은 아마도 은 20세겔 정도로 추측할 수 있다. 현시대의 여러가지 상황을 반영하여 각자의 몸값을 책정해 보도록 한다. 비밀리에 장기 매매가 이루어지고 있는 현세태에서 각자의 몸값을 책정한 기준에 대해서도 말해 보도록 한다.

호세아는 고멜의 몸값을 치렀고, 예수님도 우리를 위해 희생의 제물이 되셨다. 모든 중요한 것은 그 값을 치러야 한다. 인도자는 더 나아가 어떤 값을 치르고라도 이루고 싶은 것이나 갖고 싶은 것에 대해서도 이야기를 나누어 보도록 한다.

3 당신에게 예배라는 특권이 없어진다면 어떤 부분이 가장 절실해지겠는가?

관찰문제 4번 참조. 이스라엘에게 희생제물, 돌기둥, 에봇, 드라빔이 없어진다는 의미는 종교가 없어지는 것을 의미한다. 이방인의 종교적인 물건이 없어진다는 것은 이방인의 종교가 폐하는 것을 의미할 뿐만 아니라 여호와를 예배하고 섬기는 특권도 제거될 것을 뜻한다.
우리는 마음껏 하나님을 예배할 수 있는 시대에 살고 있다. 그러나 오늘날에도 세상 곳곳에서 하나님께 예배를 드리고 싶어도 그렇게 하지 못하는 사람들이 허다하다. 예배가 금지되는 것은 하나님의 심판이 시작되었음을 직감할 수 있다.
각자가 예배가 없다면 어떤 부분이 가장 절실할 것인가에 대해 이야기를 나누어 보도록 한다.

Ⅶ. 마무리

- 기도로 마무리한다.
- 제5주 관찰 문제를 예습해 오도록 한다.
- 실천 과제를 제시한다.

생활의 아로마 - 실천

예 1) 포기하지 않으시는 하나님처럼 우리도 포기하지 않고 기도해야 하는 사람을 위해 기도하도록 한다.
2) 하나님을 마음껏 예배할 수 있는 사실에 감사하고 예배의 감동에 빠져 본다.

제5주

있다가 없으니까

호세아 4:1-10

학습목표

1. 크리스천에게 있어야 할 것과 없어야 할 것을 구분할 수 있다.

KEYWORD 진실, 사랑, 지식

Ⅰ. 찬양과 기도

Ⅱ. 지난주 실천 과제 나눔

Ⅲ. 복습문제 풀이

복습

1 지난 주 본문에서 하나님은 호세아에게 무엇을 명령하셨는가?(호 3:1)

음녀가 된 그 여자를 사랑하라.

Ⅳ. 말씀 호세아 4:1-10을 다함께 읽는다

4:1 이스라엘 자손들아 여호와의 말씀을 들으라 여호와께서 이 땅 주민
과 논쟁하시나니 이 땅에는 진실도 없고 인애도 없고 하나님을 아는 지
식도 없고 2 오직 저주와 속임과 살인과 도둑질과 간음뿐이요 포악하
여 피가 피를 뒤이음이라 3 그러므로 이 땅이 슬퍼하며 거기 사는 자와

들짐승과 공중에 나는 새가 다 쇠잔할 것이요 바다의 고기도 없어지리라 4 그러나 어
떤 사람이든지 다투지도 말며 책망하지도 말라 네 백성들이 제사장과 다투는 자처럼
되었음이니라 5 너는 낮에 넘어지겠고 너와 함께 있는 선지자는 밤에 넘어지리라 내
가 네 어머니를 멸하리라 6 내 백성이 지식이 없으므로 망하는도다 네가 지식을 버렸
으니 나도 너를 버려 내 제사장이 되지 못하게 할 것이요 네가 네 하나님의 율법을 잊
었으니 나도 네 자녀들을 잊어버리리라 7 그들은 번성할수록 내게 범죄하니 내가 그
들의 영화를 변하여 욕이 되게 하리라 8 그들이 내 백성의 속죄제물을 먹고 그 마음을
그들의 죄악에 두는도다 9 장차는 백성이나 제사장이나 동일함이라 내가 그들의 행실
대로 벌하며 그들의 행위대로 갚으리라 10 그들이 먹어도 배부르지 아니하며 음행하
여도 수효가 늘지 못하니 이는 여호와를 버리고 따르지 아니하였음이니라

V. 관찰 문제의 바른 답

말씀 돋보기 - 관찰

1 이스라엘에게 세 가지 '없는 죄'는 무엇인가?(호 4:1)

진실, 사랑, 여호와를 아는 지식

Tip

〈이스라엘의 세 가지 '없는 죄'〉

죄의 항목	풀이(뜻)	의미	이스라엘의 행위
진실이 없음	양심이 상실 됨	진실 : 신실한 사람의 성품, 진실됨, 신뢰 받을 행동	원칙과 가치관을 따르지 않고 기회주의로 변질, 신뢰 상실
사랑이 없음	사랑 관계에서 충성과 선이 상실 됨	사랑/자비 : 자신에게 주어진 책임 완수뿐만 아닌 기대치 및 임무 이상의 자비를 베푸는 것	하나님 여호와에 대한 임무와 책임만 무시한 것이 아닌, 자신 밖에 모르는 이기주의자로 변질
여호와를 아는 지식이 없음	객관적, 주관적 지식이 상실 됨	안다 : 남편과 아내가 서로를 객관적, 주관적으로 매우 깊이 아는 것	하나님에 대한 올바른 지식(객관적)과 이해(주관적)가 없는 자들처럼 바알을 섬김

2 이스라엘이 있어야 할 것 대신 정작 갖고 있는 것은 무엇인가?(호 4:2)

저주, 사기, 살인, 도둑질, 간음, 포악, 피흘림

Tip

〈이스라엘의 다섯 가지 '있는 죄'〉

<table>
<tr><th>죄의 항목</th><th>풀이(뜻)</th><th>십계명과의 연관</th><th>이스라엘의 행위</th></tr>
<tr><td>저주</td><td>저주를 선언 혹은 맹세하는 행위</td><td>제3계명</td><td rowspan="6">신학적인 범죄의 영향
=
사회적인 범죄</td></tr>
<tr><td>사기</td><td>거짓을 말하거나 속이는 것</td><td>제9계명</td></tr>
<tr><td>살인</td><td>사법제도에 의한 처형, 부당하게 살인하는 것</td><td>제6계명</td></tr>
<tr><td>도둑질</td><td>남의 물건 뿐만 아닌 인신매매 등의 사람 유괴</td><td>제8계명</td></tr>
<tr><td>간음</td><td>남자가 결혼한 여자와 성관계를 갖는 것</td><td>제7계명</td></tr>
<tr><td>포악한 피흘림</td><td>살인과 함께 죄의 심각성을 강조</td><td>제6계명</td></tr>
</table>

3 제사장들이 넘어지는 이유와 백성들이 망하게 된 근본적인 이유는 무엇인가?(호 4:5,6)

a) **제사장:** 가르쳐야 할 것을 가르치지 않고 그들 스스로 가르침을 버렸다.

b) **백성들:** 여호와와 그의 율법에 대한 지식이 부족하다.

Tip

제사장들의 기본적인 역할은 백성들에게 하나님의 말씀을 가르치는 일이었다. 그런데 제사장들은 가르쳐야 할 것을 제대로 가르치지 않았을 뿐만 아니라 스스로가 가르침을 버렸다. 지도층이 하나님의 율법을 등한시하고 버렸으니 그들에게서 가르침을 받아야 할 백성들이 하나님의 말씀을 모르는 것은 당연한 결과이다. 그러므로 선지자는 백성들이 망하게 된 근본적인 이유를 여호와와 그의 '율법'에 대한 지식이 부족하기 때문이라고 말할 수 있다.

4 심판이 임하는 근본적인 원인은 무엇인가?(호 4:10)

여호와를 버리고 다른 신을 섬김

Tip

하나님께서 이스라엘을 심판하시는 근본적인 원인은 이스라엘이 여호와를 버리고 다른 신들을 섬긴 데 있다. 하나님께서는 "이 백성이 다른 신들을 섬기려고 나 주를 버렸다"(10b, 새번역)는 말로 마무리 하신다. 이 말씀에는 하나님의 아픔과 상처가 서려 있다. 하나님께서는 자신의 백성에게 거부당하신 아픔에 신음하고 계신다.

삶의 내비게이션 - 적용

1 당신에게 a) 있어야 하는데 없는 것과 b) 없어야 하는데 있는 것은 무엇인가?

관찰문제 1번, 2번 참조. 이스라엘은 있어야 할 것은 없고, 없어야 할 것을 갖고 있어서 하나님의 심판의 대상이 된다.
당신에게 있어야 하는데 없는 것이 있을 수 있고, 없어야 하는데 알고 있으면서도 갖고 있는 것은 무엇인지 이야기 나누어 보도록 한다. 특히 성품적인 부분에서 이야기를 나누면 더 유익할 것이다.
예) 열정은 있는데 기다리는 인내가 부족하다.
하나님을 향한 사랑은 있는데 그 분을 아는 지식은 부족하다.
친구들과 화목하고 싶은데 시기의 마음이 앞선다.

2 한국 교회에서 우리의 눈살을 찌푸리게 하는 a) 기독교 리더 b) 성도들의 행동은 무엇이 있는가?

관찰문제 3번 참조. 호세아는 제사장과 백성이 모두 범죄하고 있다고 말한다. 우리 주위에서 눈살을 찌푸리게 하는 리더들과 성도들의 행동에 대해 이야기를 나누어 보도록 한다. 먼저 리더들의 행동 중 자제했으면 하는 부분을 나누고, 다음으로 성도들의 행동에 대해서도 이야기해 보도록 한다. 그리고 서로 나눈 이야기 속에 본인이 깨달은 것은 무엇인지 이야기하도록 한다.
인도자는 나눈 이야기들이 각자 본인들의 행동이 아닌지 돌아보고 고칠 수 있도록 돕는다. 어떻게 고칠 수 있는지에 대해서도 스스로 이야기 나눌 수 있게 인도한다. 물론 시간이 부족하면 마지막 부분은 생략할 수도 있다.

3 한국 교회가 회복되기 위해 다시 찾아야 하는 것은 무엇인가?

교회의 수가 많아지고 기독교 방송이 활성화 되면서 방송과 인터넷을 통해서도 말씀을 들을 수 있는, 교회와 말씀이 너무 흔한 세상이 되었다. 그러다 보니 성도들은 예배의 소중함을 놓치고, 말씀의 귀함도 잊은 지 오래이다. 선지자는 사회적인 죄와 부패는 종교의 부패와 하나님을 알지 못하기 때문이라고 한다. 그러므로 지금 한국 사회의 실상은 한국 교회의 현주소이기도 하다. 각자가 생각하기에 한국 교회가 회복되기 위해서 다시 찾아야 하는 것은 무엇인지 이야기 나누어 보도록 한다.

Ⅶ. 마무리

- 기도로 마무리한다.
- 제6주 관찰 문제를 예습해 오도록 한다.
- 실천 과제를 제시한다.

생활의 아로마 - 실천

예 1) 각자에게 없어야 하는 것 중 가장 심각한 것을 제거하도록 한다.
   2) 너무 많아서 잊고 있었던 것 중에서 회복되어야 하는 것을 회복하도록 한다.

제6주

들으라! 깨달으라!

호세아 5:1-15

학습목표

1. 회개해도 하나님께서 용서해 주시지 않는 경우에 대해 알 수 있다.

KEYWORD 총체적 부패, 교만

Ⅰ. 찬양과 기도

Ⅱ. 지난주 실천 과제 나눔

Ⅲ. 복습문제 풀이

복습

1 이스라엘에게 세 가지 '없는 죄'는 무엇인가?(호 4:1)

진실, 사랑, 여호와를 아는 지식

2 이스라엘이 있어야 할 것은 없고 정작 갖고 있는 것은 무엇인가?(호 4:2a)

저주, 사기, 살인, 도둑질, 간음, 포악, 피흘림

Ⅳ. 말씀 호세아 5:1-15을 다함께 읽는다

5:1 제사장들아 이를 들으라 이스라엘 족속들아 깨달으라 왕족들아 귀를 기울이라 너
희에게 심판이 있나니 너희가 미스바에 대하여 올무가 되며 다볼 위에 친 그물이 됨
이라 2 패역자가 살육죄에 깊이 빠졌으매 내가 그들을 다 벌하노라 3 에브라임은 내가
알고 이스라엘은 내게 숨기지 못하나니 에브라임아 이제 네가 음행하였고 이스라엘이
더러워졌느니라 4 그들의 행위가 그들로 자기 하나님에게 돌아가지 못하게 하나니 이
는 음란한 마음이 그 속에 있어 여호와를 알지 못하는 까닭이라 5 이스라엘의 교만이
그 얼굴에 드러났나니 그 죄악으로 말미암아 이스라엘과 에브라임이 넘어지고 유다도
그들과 함께 넘어지리라 6 그들이 양 떼와 소 떼를 끌고 여호와를 찾으러 갈지라도 만
나지 못할 것은 이미 그들에게서 떠나셨음이라 7 그들이 여호와께 정조를 지키지 아
니하고 사생아를 낳았으니 그러므로 새 달이 그들과 그 기업을 함께 삼키리로다 8 너
희가 기브아에서 뿔나팔을 불며 라마에서 나팔을 불며 벧아웬에서 외치기를 베냐민
아 네 뒤를 쫓는다 할지어다 9 벌하는 날에 에브라임이 황폐할 것이라 내가 이스라엘
지파 중에서 반드시 있을 일을 보였노라 10 유다 지도자들은 경계표를 옮기는 자 같으
니 내가 나의 진노를 그들에게 물 같이 부으리라 11 에브라임은 사람의 명령 뒤따르기
를 좋아하므로 학대를 받고 재판의 압제를 받는도다 12 그러므로 내가 에브라임에게
는 좀 같으며 유다 족속에게는 썩이는 것 같도다 13 에브라임이 자기의 병을 깨달으
며 유다가 자기의 상처를 깨달았고 에브라임은 앗수르로 가서 야렙 왕에게 사람을 보
내었으나 그가 능히 너희를 고치지 못하겠고 너희 상처를 낫게 하지 못하리라 14 내가
에브라임에게는 사자 같고 유다 족속에게는 젊은 사자 같으니 바로 내가 움켜갈지라
내가 탈취하여 갈지라도 건져낼 자가 없으리라 15 그들이 그 죄를 뉘우치고 내 얼굴을
구하기까지 내가 내 곳으로 돌아가리라 그들이 고난 받을 때에 나를 간절히 구하리라

Ⅴ. 관찰 문제의 바른 답

말씀 돋보기 - 관찰

1 호세아가 이스라엘의 몰락과 관련하여 비난하는 세 그룹과 세 도시는 어디인가?(호 5:1-2)

세 그룹: 제사장들, 이스라엘 족속, 왕족들

세 도시: 미스바, 다볼산, 싯딤

Tip

세 그룹: 제사장들, 이스라엘 족속, 왕족들 – 리더들에 대한 비난

세 도시:

미스바 – 예루살렘 북쪽으로 10km떨어진 곳, 신전이 있었던 것으로 추측, 아스탈드 여신의 입상이 발견됨

다볼산 – 갈릴리 호수에서 남서쪽으로 약 20km떨어진 곳, 이스르엘 계곡을 내려다보여 산당이 있었을 가능성이 높음

싯딤 – 패역자가 살육 죄에(2절): 싯딤에 파놓은 함정.
요단강 건너편, 가나안 정복을 앞둔 이스라엘이 요단강을 건너기 전에 마지막으로 거하던 땅(수 2:1),
갓, 르우벤, 므낫세 반 지파가 차지하고 있는 땅의 상징, 종교적 타락이 추정됨

2 이스라엘의 가장 심각한 죄는 무엇인가?(호 5:3)

우상숭배로 인한 음행과 음란

Tip

이스라엘의 가장 심각한 죄는 창녀가 몸을 팔듯이 그들도 몸을 판 것이다. 이것은 이스라엘이 우상숭배에 미쳐 있다는 의미이다. 선지자는 북 이스라엘의 구심점을 이루고 있는 지파인 에브라임을 집중적으로 비난하고 있다. 이스라엘은 회개할 능력도 의지도 상실했다. 너무 오랫동안 죄 속에서 살아 왔기 때문이다.

3 이스라엘과 유다가 회개해도 하나님을 만나지 못하는 이유는 무엇인가?(호 5:5-6)

교만하여 진정한 회개를 하지 않기 때문에

Tip

하나님께서는 이스라엘과 유다가 회개하기로 작정하고 용서받기 위해 '소 떼와 양 떼'를 몰고 여호와를 찾아 나선다 할지라도 그들을 만나 주지 않으실 것을 선언한다. 이들이 여호와를 찾는 것은 마음의 회심을 동반한 진정한 회개가 아니라 여호와를 바알과 같이 취급하여 제물과 예식을 통해 그의 마음을 달래고 환심을 사려는 행위로 여겨진다. 이스라엘의 가장 큰 교만은 자신의 죄/과오를 인정하지 않는 것이다. 그러므로 진정한 회개가 없다면 하나님을 만나지 못할 것이다.

4 심판은 어떤 방식으로 임하는가?(호 5:12,14)

좀과 썩이는 것과 같이 서서히(12절), 젊은 사자 같이 한 순간에(14절)

Tip 하나님께서는 이스라엘과 유다의 심판을 내리시는 자신의 모습을 '좀'과 '썩이는 것'으로 묘사하신다. 좀이라는 단어가 상처에 사용될 때는 구더기 혹은 고름으로 해석될 수 있다. 그러므로 하나님은 이 말씀을 통해 자신을 병든 사람의 몸을 상하게 하는 고름에 비유하고 있다. 또한 하나님께서는 사자가 짐승을 찢듯이 이스라엘을 찢으실 것이라고 말씀하시는데 이는 맹렬한 심판을 선언하는 내용이다. 하나님에 대한 은유가 살을 먹어 들어가는 구더기에서 살을 찢는 사자로 변하고 있다. 처음 은유는 조금씩 병자의 상황이 악화되는 것을 의미하지만 사자 비유는 순식간에 닥치는 멸망을 의미한다.

5 심판을 마치신 하나님은 어디로 가시는가?(호 5:15)

내 곳으로 돌아가리라

Tip 심판을 끝내신 하나님께서는 자신의 거처로 돌아가셔서 그의 백성들이 회개하고 돌아오기를 기다리신다. 솔로몬이 열왕기상 8장에서 강조한 것처럼 하나님은 '하늘에 계시는 분'이다.

VI. 적용과 나눔

삶의 내비게이션 - 적용

1 많은 사람들이 자신이 마음만 먹으면 언제든지 하나님을 만날 수 있다고 착각하며 산다. 당신이 과거에 하나님께 응답받지 못한 경험이 있다면 무엇인가?

관찰문제 3번 참조. 사람들은 하나님을 기도만 하면 무엇이든지 들어주는 램프의 요정 지니, 혹은 스위치를 누르면 나오는 자판기로 생각하는 경우가 있다. 하나님은 우리 마음대로 좌지우지할 수 있는 분이 아니시다. 물론 성경에 모세가 기도하면 그 뜻을 바꾸어 주시기도 했지만, 그러한 경우는 기도하는 사람이 누구인가, 어떤 신앙의 소유자인가를 분명히 고찰할 필요가 있다. 그러므로 누구에게나 하나님께 응답 받지 못한 경험이 있을 수 있다. 물론 무응답도 하나님의 응답의 일부라고 말할 수 있다.

각자가 경험한 응답받지 못한 경우에 대해 이야기를 나누어 보도록 한다. 그것이 죄로 인한 것일 수도 있고, 기다리라는 응답으로 그때는 이루어지지 않았지만 지금은 이루어진 일일 수도 있다.

2 서서히 썩어 가는 죄와 갑자기 닥치는 죄는 어떤 것이 있는가?

관찰문제 4번 참조. 하나님의 심판은 때가 차기까지 서서히 임하거나, 혹은 한 순간 급하게 임하기도 한다. 그것은 우리의 범죄와 연결된 것일 수 있다. 우리의 죄도 서서히 조금씩 쌓여가는 죄가 있을 수 있고, 갑자기 범하는 죄도 있을 수 있다. 이러한 것에는 어떤 것이 있는지 서로 말해 보도록 한다. 그리고 인도자는 그것에 대한 대처 방법에 대해서도 서로 피드백을 나누도록 돕는다.

3 당신은 하나님께서 원하시는 회개를 하는가?

관찰문제 3번 참조. 사람들은 누구나 입술로만 습관적으로 잘못을 고백하는 경우가 있다. 그 자리에서는 미안하다고 말하면서 똑같은 잘못을 또 저지른다. 하나님은 이스라엘에게 진정한 회개가 없으면 예배도 받지 않으시겠다고 말씀하신다. 무엇이 하나님께서 원하시는 진정한 회개인지 말하도록 한다.

Ⅶ. 마무리

- 기도로 마무리한다.
- 제7주 관찰 문제를 예습해 오도록 한다.
- 실천 과제를 제시한다.

생활의 아로마 - 실천

예 1) 서서히 썩어가는 죄를 점검하고 결단하도록 한다.

제7주

돌아가자! 알자!

호세아 6:1-7:2

학습목표

1. 하나님의 백성이 알고 지켜야 하는 두 가지(여호와께 돌아가자 여호와를 알자)를 알 수 있다.
2. 계속되는 범죄에 탄식하시는 하나님의 마음을 알 수 있다.

KEYWORD 회개, 지식, 탄식

Ⅰ. 찬양과 기도

Ⅱ. 지난주 실천 과제 나눔

Ⅲ. 복습문제 풀이

복습

1 이스라엘의 가장 심각한 죄는 무엇인가?(호 5:3)

우상숭배로 인한 음행과 음란

2 이스라엘과 유다가 회개해도 하나님을 만나지 못하는 이유는 무엇인가?(호 5:5-6)

교만하여 진정한 회개를 하지 않기 때문에

Ⅳ. 말씀 호세아 6:1-7:2을 다함께 읽는다

6:1 오라 우리가 여호와께로 돌아가자 여호와께서 우리를 찢으셨으나 도로 낫게 하실 것이요 우리를 치셨으나 싸매어 주실 것임이라 2 여호와께서 이틀 후에 우리를 살리시며 셋째 날에 우리를 일으키시리니 우리가 그의 앞에서 살리라 3 그러므로 우리가 여호와를 알자 힘써 여호와를 알자 그의 나타나심은 새벽 빛 같이 어김없나니 비와 같이, 땅을 적시는 늦은 비와 같이 우리에게 임하시리라 하니라 4 에브라임아 내가 네게 어떻게 하랴 유다야 내가 네게 어떻게 하랴 너희의 인애가 아침 구름이나 쉬 없어지는 이슬 같도다 5 그러므로 내가 선지자들로 그들을 치고 내 입의 말로 그들을 죽였노니 내 심판은 빛처럼 나오느니라 6 나는 인애를 원하고 제사를 원하지 아니하며 번제보다 하나님을 아는 것을 원하노라 7 그들은 아담처럼 언약을 어기고 거기에서 나를 반역하였느니라 8 길르앗은 악을 행하는 자의 고을이라 피 발자국으로 가득 찼도다 9 강도 떼가 사람을 기다림 같이 제사장의 무리가 세겜 길에서 살인하니 그들이 사악을 행하였느니라 10 내가 이스라엘 집에서 가증한 일을 보았나니 거기서 에브라임은 음행하였고 이스라엘은 더럽혀졌느니라 11 또한 유다여 내가 내 백성의 사로잡힘을 돌이킬 때에 네게도 추수할 일을 정하였느니라 7:1 내가 이스라엘을 치료하려 할 때에 에브라임의 죄와 사마리아의 악이 드러나도다 그들은 거짓을 행하며 안으로 들어가 도둑질하고 밖으로 떼 지어 노략질하며 2 내가 모든 악을 기억하였음을 그들이 마음에 생각하지 아니하거니와 이제 그들의 행위가 그들을 에워싸고 내 얼굴 앞에 있도다

Ⅴ. 관찰 문제의 바른 답

말씀 돋보기 - 관찰

1 선지자가 백성들에게 호소하는 두 가지는 무엇인가? 선지자가 '여호와께 돌아가자'는 한차례 권면하는 것에 비해 '여호와를 알자/배우자'는 두 차례 호소하는 이유는 무엇인가?(호 6:1-3)

a) 여호와께 돌아가자

b) 여호와를 알자

이유: 회개만으로는 문제가 해결될 수 없다는 것을 알고 있기 때문에

Tip 선지자의 첫 번째 호소는 '여호와께 돌아가자'이다. 성경에서 '이스라엘'이 '돌아가다'의 주어로 사용되고 '여호와'가 그 목표가 될 때에는 항상 진정한 회개

를 의미한다.

두 번째 호소는 '여호와를 알자'이다. 이스라엘이 하나님을 떠나서 범죄하는 이유는 무엇보다도 그들에게 여호와에 대한 지식이 없어서 그렇다는 것이 선지자의 주장이다. 그러므로 그는 여호와에 대한 올바른 지식을 회복해야 한다고 호소하고 있다.

'여호와를 알자'를 두 차례 호소하는 이유는 선지자는 회개만으로는 문제가 해결될 수 없음을 알고 있기 때문이다. 회개 다음으로 적극적인 배움이 필요하다. 회개하고 돌아오는 것, 즉 과거를 정리하는 것은 중요한 일이다. 그러나 돌아온 후에 하나님에 대한 올바른 지식을 추구하는 것, 곧 그 순간부터 자신의 삶의 방식을 하나님의 가르침에 적절하게 맞추어 나가는 것은 더 중요한 것이다. 그래서 '돌아가자'는 한 차례 권면하는 것에 비해 '여호와를 알자/배우자'는 두 차례 호소하고 있다.

2 이스라엘이 여호와께로 돌아가면 하나님은 어떻게 하실 것인가?(호 6:1-2)

a) 그가 찢으셨으나 다시 낫게 하심

b) 그가 치셨으나 싸매어 주심

c) 이틀 뒤에 우리를 살리시고, 사흘째에 일으켜 세우실 것

Tip

〈호세아의 첫 번째 호소〉

회복	연상 성구	이미지 연상
그가 찢으셨으나 다시 아물게 하심	호 5:14	하나님은 물어뜯는 사자
그가 치셨으나 싸매어 주심	호 5:12	이스라엘의 상처가 썩어 들어가게 하셨던 것
이틀 뒤에 우리를 살리시고, 사흘째에 일으켜 세우실 것	호 5:13	찢겨 병들어 죽어가는 자들을 회복시키시고 이미 죽임을 당한 자들까지 살려주실 것

3 하나님의 은혜가 다시 임할 것을 보여 주는 확실한 두 가지 이미지는 무엇인가?(호 6:3)

a) 밤이 지나면 어김없이 새벽이 밝아 오듯, 꼭 찾아오실 것이라는 확신

b) 햇빛과 비로 풍요로움을 주실 것이라는 확신

Tip

여호와께서 다시 찾아 오실 것을 확신하게 하는 두 가지 이미지는 먼저 밤이 지나고 밝아오는 새벽 여명의 이미지이다. 이것이 강조하는 것은 기쁨과 풍요로움이다.

다음 이미지는 햇빛과 비로, 풍요로움의 가장 기본적인 요소들이다. 하나님께서는 매일 아침마다 대지를 밝히고 생물을 자라게 하는 햇빛이 되어 이스라엘을 찾아 오실 것이다. 또한 해마다 가나안 지역에 내리는 가을비(이른 비)처럼, 땅을 적시는 봄비(늦은 비)처럼 이스라엘에게 오셔서 그들을 풍성하게 하실 것이다.

4 하나님의 상한 심령을 나타내는 표현은 무엇인가?(호 6:4)

내가 네게 어떻게 하랴

Tip

하나님께서는 이스라엘이 자신과 맺은 '사랑/충성'의 언약에 대한 변절을 한탄하신다. 이 노래는 아무리 설득하려 해도 설득되기를 거부하며 끝까지 이를 악물고 반항하는 자녀를 둔 부모의 신음소리다. 그러므로 분노보다는 아픔과 실망의 하나님의 마음을 가득 채우고 있다.

5 하나님께서 원하시는 것 두 가지는 무엇인가?(호 6:6)

a) 사랑/충성

b) 여호와를 아는 지식

Tip

선지자는 두 가지를 언급한다. 사랑/충성, 그리고 여호와를 아는 지식이다. 첫째, 하나님께서는 제물을 원하시는 것이 아니라 사랑/충성을 원하신다. 사랑은 먼저 하나님과 그의 백성들의 관계를 나타내는 단어이다. 하나님의 이스라엘을 향한 사랑은 변함이 없는데 이스라엘의 하나님을 향한 사랑은 아침 안개와 같고, 덧없이 사라지는 이슬과 같다.

둘째, 하나님께서 백성들에게 원하시는 것은 번제가 아니라 하나님에 대한 지식이다. 선지자는 두 번이나 '여호와를 알자'라고 외쳤는데 이것은 하나님께서 그의 백성들에게 진정으로 원하시는 것이 무엇인지 강조하는 것이다.

6 하나님께서 이스라엘을 용서하기를 어려워 하시는 이유는 무엇인가? (호 6:11-7:1)

이스라엘의 계속되는 범죄 때문에

Tip 하나님께서 죄를 밥먹듯이 짓는 이스라엘을 용서해야 할지 말지를 고민하다가 드디어 그들을 한번 더 용서하시겠다는 어려운 결단을 내리고 나니, 하나님께서 용서를 고민하는 동안 이스라엘은 새로운 죄를 지었다. 이스라엘 사회는 온통 죄로 가득 차있다. 사기, 도둑질, 강도질이 성행하고 있는데 이것은 모두 십계명이 금하는 것들이다.

VI. 적용과 나눔

삶의 내비게이션 - 적용

1 당신은 어렸을 때 부모에게 크게 혼난 기억과 다시 보듬어 주신 기억이 있는가?

관찰문제 2번 참조. 하나님은 우리의 죄를 심판하시지만 심판에 머물지 않고 다시 안아 주시고, 싸매 주시는 분이시다. 각자가 어렸을 때 경험한 부모님께 크게 혼난 경험과 그 후 다시 보듬어 주신 기억에 대해 이야기 나누어 보도록 한다. 어렸을 때의 경험을 통해 부모님이 마음을 알 수 있고, 부모님의 마음을 통해 하나님의 마음을 간접적으로 체험할 수 있도록 인도자는 돕는다.

2 현재 당신에게 점점 무뎌지는 죄는 어떤 단계에 있는가?

관찰문제 6번 참조. 이스라엘의 계속되는 범죄는 하나님께서 용서하실 기회를 주지 않는다. 죄의 모습을 단계별로 나누어 보면 다음과 같다.

1) 죄의 전가성 – 누구 때문이야!

2) 죄의 합리성 – 상황이 어쩔 수 없었어!

3) 죄의 보편성 – 남들도 다 그래!

4) 죄의 정당성 – 뭐가 잘못됐다고 그래?

인도자는 이 죄의 단계에 대해 이야기를 하거나 표를 만들어 보여 주고, 각자가 어느 단계에 속하는지 말해 보도록 한다. 그리고 죄의 심각성을 깨닫도록 한다. 죄를 짓고도 심각성을 깨닫지 못하는 것은 죄를 짓는 것보다 더 심각한 문제이다. 어떤 단계에

속하든지 같은 죄라는 사실을 잊지 않도록 한다.

3 당신은 지금까지 여호와께 돌아가는 것과 여호와를 아는 것 중 무엇에 더 치중하며 살았는가?

관찰문제 1번 참조. 선지자는 여호와께 돌아가는 것도 중요하지만 여호와를 아는 것이 더 중요하다고 한다. 하나님께 회개했지만 회개 후에 다시 이전의 삶을 반복할 수도 있다. 새로운 삶을 살기 위해서는 하나님을 아는 지식이 필요하며, 하나님을 알 때 하나님께서 원하시고 기뻐하시는 삶을 살 수 있다. 그러므로 각자가 어느 부분을 더 중요시하고 살았는지 이야기를 나누어 보고, 오늘 배운 내용을 통해 앞으로는 어떻게 살 것인지 결단을 내리도록 인도자는 돕는다. 이 부분에 대해 이야기를 나눌 때는 개인의 주관적인 부분과 객관적인 부분을 구별해서 나누는 것도 유익하다.

Ⅶ. 마무리

- 기도로 마무리한다.
- 제8주 관찰 문제를 예습해 오도록 한다.
- 실천 과제를 제시한다.

생활의 아로마 - 실천

예 1) 부족한 것을 돌아보고 균형을 맞추도록 한다.

- 성경공부를 게을리 했거나 기도를 잊은 경우 등

제8주

중심 없는 예배

호세아 8:1-14

학습목표

1. 하나님께서 원하시는 예배는 무엇인지 알 수 있다.
2. 우상숭배에는 반드시 하나님의 심판이 따른다는 것을 알 수 있다.

KEYWORD 우상, 예배, 심판

Ⅰ. 찬양과 기도

Ⅱ. 지난주 실천 과제 나눔

Ⅲ. 복습문제 풀이

복습

1 선지자가 백성들에게 호소하는 두 가지는 무엇인가? 선지자가 '여호와께 돌아가자'는 한차례 권면하는 것에 비해 '여호와를 알자/배우자'는 두 차례 호소하는 이유는 무엇인가?(호 6:1-3)

a) 여호와께 돌아가자

b) 여호와를 알자

이유: 회개만으로는 문제가 해결될 수 없다는 것을 알고 있기 때문에

2 하나님께서 원하시는 것 두 가지는 무엇인가?(호 6:6)

a) 사랑/충성

b) 여호와를 아는 지식

Ⅳ. 말씀 호세아 8:1-14을 다함께 읽는다

8:1 나팔을 네 입에 댈지어다 원수가 독수리처럼 여호와의 집에 덮치리니 이는 그들이
내 언약을 어기며 내 율법을 범함이로다 2 그들이 장차 내게 부르짖기를 나의 하나님
이여 우리 이스라엘이 주를 아나이다 하리라 3 이스라엘이 이미 선을 버렸으니 원수
가 그를 따를 것이라 4 그들이 왕들을 세웠으나 내게서 난 것이 아니며 그들이 지도자
들을 세웠으나 내가 모르는 바이며 그들이 또 그 은, 금으로 자기를 위하여 우상을 만
들었나니 결국은 파괴되고 말리라 5 사마리아여 네 송아지는 버려졌느니라 내 진노
가 무리를 향하여 타오르나니 그들이 어느 때에야 무죄하겠느냐 6 이것은 이스라엘에
서 나고 장인이 만든 것이라 참 신이 아니니 사마리아의 송아지가 산산조각이 나리라
7 그들이 바람을 심고 광풍을 거둘 것이라 심은 것이 줄기가 없으며 이삭은 열매를 맺
지 못할 것이요 혹시 맺을지라도 이방 사람이 삼키리라 8 이스라엘은 이미 삼켜졌은
즉 이제 여러 나라 가운데에 있는 것이 즐겨 쓰지 아니하는 그릇 같도다 9 그들이 홀
로 떨어진 들나귀처럼 앗수르로 갔고 에브라임이 값 주고 사랑하는 자들을 얻었도다
10 그들이 여러 나라에게 값을 주었을지라도 이제 내가 그들을 모으리니 그들은 지도
자의 임금이 지워 준 짐으로 말미암아 쇠하기 시작하리라 11 에브라임은 죄를 위하여
제단을 많이 만들더니 그 제단이 그에게 범죄하게 하는 것이 되었도다 12 내가 그를
위하여 내 율법을 만 가지로 기록하였으나 그들은 이상한 것으로 여기도다 13 그들이
내게 고기를 제물로 드리고 먹을지라도 여호와는 그것을 기뻐하지 아니하고 이제 그
들의 죄악을 기억하여 그 죄를 벌하리니 그들은 애굽으로 다시 가리라 14 이스라엘은
자기를 지으신 이를 잊어버리고 왕궁들을 세웠으며 유다는 견고한 성읍을 많이 쌓았
으나 내가 그 성읍들에 불을 보내어 그 성들을 삼키게 하리라

말씀 돋보기 - 관찰

1 이스라엘의 예배를 부정하다고 하시는 이유는 무엇인가?(호 8:1-3)

언약을 어기고 율법을 범하는 위선적인 신앙 때문에

Tip

하나님께서는 자신과의 언약을 깨고 율법과 규례를 위반하는 이스라엘의 위선적인 신앙생활 때문에 그들의 예배를 부정하신다. 즉 이스라엘은 입으로만 여호와를 사랑하고 존경한다고 말하지만 삶이 뒷받침 되지 못했던 것이다.

2 사마리아의 송아지는 무엇을 의미하는가?(호 8:4-6)

우상

Tip

이 송아지는 여로보암이 벧엘과 단에 세운 우상으로, 사마리아 사람들은 이 우상을 매우 귀하게 여겼다. 솔로몬의 죄로 인해 하나님으로부터 10지파를 받아 북 왕국 이스라엘을 세운 여로보암은 이 송아지를 가리켜 이스라엘을 이집트에서 구원해 낸 여호와라고 거짓말을 했다. 그 후 북왕국의 대부분의 사람들은 그렇게 믿었다. 벧엘에 세워진 송아지 신전은 이스라엘이 앗수르의 손에 멸망하던 722년까지 북 왕국 정부의 공식적인 후원을 받은 국가 신전이었다.

3 이스라엘이 강대국을 찾아 다니며 도움을 청하는 모습을 표현하는 세 가지 은유는 무엇인가?(호 8:8-10)

a) 버림받은 그릇

b) 외로운 들나귀

c) 돈을 주고 창녀를 찾는 남자

Tip

〈강대국에게 도움 요청〉

비유	이미지	현실과 의미
버림 받은 그릇 (8절)	내용물을 모두 먹고 버린 빈 그릇	열방에게 이용당하고 내팽개침을 당함

외로운 야생 나귀(9절)	도움 요청을 거부당하고 생명을 위협당하며 광야를 떠도는 야생 나귀	강대국인 앗수르에게 도움을 청했지만 큰 도움을 받지 못하고 국제 무대를 홀로 떠돌고 있음
돈을 주고 창녀를 찾는 남자(9b-10절)	돈을 주고 창녀를 찾으나 진정한 사랑을 체험하지 못한 남자의 모습	외국왕들에게 환심을 사기 위해 많은 세금을 바쳤지만 결국 앗수르의 손에 멸망했음

4 이스라엘의 잘못된 종교생활 세 가지는 무엇인가?(호 8:11-14)

a) 너무 많은 제단

b) 여호와의 율법을 이상한 것으로 여김

c) 여호와께서 기뻐하지 않으시는 제물

Tip

1) 죄의 용서를 위해 세우는 제단들이 늘어날수록 그들의 죄가 늘어간다. 이스라엘 백성들이 제단을 쌓는 이유는 그곳에서 자신들의 죄를 용서받기 위해 제물을 드리기 위함이다. 그러나 이 제단들은 '싸구려 은혜'를 도매로 파는 장소가 되었다.

2) 여호와의 율법이 마치 이방 종교의 가르침같이 되어 버렸다. 제사장들이 여호와의 율법을 존중하지 않았고, 백성들에게 잘 가르치지 않았다. 또한 율법을 외국 사람들의 규례처럼 생각하였다. 그래서 율법의 일부를 바알 종교의 원리와 가치관으로 대체하였고, 그것이 율법의 정통 가르침처럼 되어 버렸다.

3) 그들이 여호와께 드리는 제물이 의도했던 것과는 반대의 결과를 초래했다. 백성들이 여호와를 달래기 위해 제물을 드렸지만 오히려 그를 분노케 한 것이다. 그들이 하나님께 제물을 드리면서 마음은 함께 드리지 않았기 때문이다.

삶의 내비게이션 - 적용

1 교회가 늘어날수록 이 사회는 경건해져야 하고, 크리스천들이 많을수록 세상은 살기 좋은 곳이어야 하는데 현실은 그렇지 않다. 원인은 무엇인가?

관찰문제 4번 참조. 이스라엘은 회개의 제단을 '싸구려 은혜'를 파는 장소로 만들어 버렸다. 마치 교회를 의무감으로 다니고, 예배를 부적처럼 여기는 것과 같다. 오늘날에는 교회를 어느 곳에서나 볼 수 있다. 그러나 사회는 점점 더 악해지고 살기 어려워지고 있다. 그 원인에 대해 각자의 생각을 말할 수 있도록 한다. 교회에 대한 비판이 나올 수도 있고, 기독교 리더들에 대한 비난이 나올 수도 있다.

이 주제에서 인도자가 놓치지 말아야 하는 것은 비난이나 비판의 대변인이 되어서는 안된다. 인도자는 너무 오래 비판과 비난의 시간에 소모하지 말고 시선을 개인에게 돌리도록 한다. 한 사람의 회개가 교회를 바꿀 수 있다는 사실을 잊어서는 안 된다. 루터 한 사람의 회심으로 말미암아 종교개혁이 일어날 수 있었고, 길선주 목사 한 사람의 회개로 평양대부흥운동의 시발점이 될 수 있었다. 그러므로 각자 본인 스스로에게서 그 원인을 찾고 경건을 위해 실천해야 하는 것들은 무엇이 있는지 고민하도록 돕는다.

2 크리스천들이 하나님을 섬긴다고 하면서 동시에 자신을 위하여 만드는 금송아지 같은 것에는 무엇이 있는가?

관찰문제 2번 참조. 하나님의 백성인 우리들은 분명히 여호와 하나님을 섬기며 그분께 예배한다. 그러나 우리의 생활 속에는 자신도 모르게 우상이 될 수 있는 것이 많이 있다. 물질만능주의 세상에서 물질이 주인이 되고 우상이 된 맘몬을 섬길 수 있고, 권력과 계급의 사회에 살면서 하나님보다 권력이나 진급이 앞설 때가 있다.

각자에게 금송아지와 같은 것은 무엇인지 이야기 나누어 보도록 한다. 그리고 하나님과 금송아지를 동시에 섬기는 이스라엘을 향한 하나님의 심판은 무엇인지 알아 보고, 하나님을 바르게 섬기기를 결단하도록 인도자는 돕는다.

3 선지자는 예배를 많이 드리는 것이 좋은 것이라고 하지 않는다. 당신은 어떤 경우 예배를 드리면 드릴수록 죄가 된다고 생각하는가?

관찰문제 1번 참조. 우리는 예배는 많이 드리면 드릴수록 좋다고 생각한다. 물론 모든 예배에 참석하는 것은 좋은 일이다. 그러나 삶이 뒷받침 되지 않는 예배는 하나님께서 부정하게 여기신다는 것이 선지자의 말씀이다. 예배는 보험이 아니며 참석하지 않으면 불이익을 당하고 재앙이 임하는 부적과 같은 존재가 아니다. 그러므로 우리가 드리는 예배에는 삶이 꼭 동반되어야 한다.
각자의 생각에 예배를 드리면 드릴수록 죄가 되는 경우를 말해 보도록 한다. 이 주제에 대한 나눔은 예배를 폐하는 데 있는 것이 아니다. 예배를 드리되 어떤 자세로 드려야 하는가를 생각해 보는 문제이다. 또한 주일 하루는 예배로 거룩하고 나머지 6일은 마음대로 살아도 된다고 생각하는 사람들을 향한 도전이다. 매일매일의 모든 일이 예배로 드려지는 거룩하고 구분되는 삶을 사는 크리스천이 된다면, 그들이 드리는 예배를 하나님께서 기뻐 받으실 것이다. 그러므로 인도자는 예배를 드리면 드릴수록 죄가 되는 부분을 찾아 회개하고 진정한 예배로 나아갈 수 있도록 돕는다.

Ⅶ. 마무리

- 기도로 마무리한다.
- 제9주 관찰 문제를 예습해 오도록 한다.
- 실천 과제를 제시한다.

생활의 아로마 - 실천

예 1) 금송아지 내다팔기 – 우리 삶에 존재하는 금송아지를 제거하도록 한다.
2) 아무 조건 없이 기도하고 예배드리기 – 기도의 시작과 끝을 찬양과 감사와 하나님을 향한 사랑 고백으로 채우도록 노력한다.

제9주

인생의 흉년

호세아 9:1-17

학습목표

1. 인생에 흉년이 찾아오는 이유를 알 수 있다.
2. 하나님의 부재의 궁핍과 하나님의 영광의 임재를 알 수 있다.

KEYWORD 하나님의 부재, 영광의 임재

Ⅰ. 찬양과 기도

Ⅱ. 지난주 실천 과제 나눔

Ⅲ. 복습문제 풀이

복습

1 이스라엘의 예배를 부정하다고 하시는 이유는 무엇인가?(호 8:1-3)

언약을 어기고 율법을 범하는 위선적인 신앙 때문에

2 이스라엘의 잘못된 종교생활 세 가지는 무엇인가?(호 8:11-14)

a) 너무 많은 제단

b) 여호와의 율법이 마치 이방 종교의 가르침으로 여김

c) 여호와께서 기뻐하지 않으시는 제물

Ⅳ. 말씀 호세아 9:1-17을 다함께 읽는다

9:1 이스라엘아 너는 이방 사람처럼 기뻐 뛰놀지 말라 네가 음행하여 네 하나님을 떠
나고 각 타작 마당에서 음행의 값을 좋아하였느니라 2 타작 마당이나 술틀이 그들을
기르지 못할 것이며 새 포도주도 떨어질 것이요 3 그들은 여호와의 땅에 거주하지 못
하며 에브라임은 애굽으로 다시 가고 앗수르에서 더러운 것을 먹을 것이니라 4 그들
은 여호와께 포도주를 부어 드리지 못하며 여호와께서 기뻐하시는 바도 되지 못할 것
이라 그들의 제물은 애곡하는 자의 떡과 같아서 그것을 먹는 자는 더러워지나니 그들
의 떡은 자기의 먹기에만 소용될 뿐이라 여호와의 집에 드릴 것이 아님이니라 5 너희
는 명절 날과 여호와의 절기의 날에 무엇을 하겠느냐 6 보라 그들이 멸망을 피하여 갈
지라도 애굽은 그들을 모으고 놉은 그들을 장사하리니 그들의 은은 귀한 것이나 찔레
가 덮을 것이요 그들의 장막 안에는 가시덩굴이 퍼지리라 7 형벌의 날이 이르렀고 보
응의 날이 온 것을 이스라엘이 알지라 선지자가 어리석었고 신에 감동하는 자가 미
쳤나니 이는 네 죄악이 많고 네 원한이 큼이니라 8 에브라임은 나의 하나님과 함께
한 파수꾼이며 선지자는 모든 길에 친 새 잡는 자의 그물과 같고 그의 하나님의 전에
는 원한이 있도다 9 그들은 기브아의 시대와 같이 심히 부패한지라 여호와께서 그 악
을 기억하시고 그 죄를 벌하시리라 10 옛적에 내가 이스라엘을 만나기를 광야에서 포
도를 만남 같이 하였으며 너희 조상들을 보기를 무화과나무에서 처음 맺힌 첫 열매를
봄 같이 하였거늘 그들이 바알브올에 가서 부끄러운 우상에게 몸을 드림으로 저희가
사랑하는 우상 같이 가증하여졌도다 11 에브라임의 영광이 새 같이 날아 가리니 해산
하는 것이나 아이 배는 것이나 임신하는 것이 없으리라 12 혹 그들이 자식을 기를지라
도 내가 그 자식을 없이하여 한 사람도 남기지 아니할 것이라 내가 그들을 떠나는 때
에는 그들에게 화가 미치리로다 13 내가 보건대 에브라임은 아름다운 곳에 심긴 두로
와 같으나 그 자식들을 살인하는 자에게로 끌어내리로다 14 여호와여 그들에게 주소
서 무엇을 주시려 하나이까 아이 배지 못하는 태와 젖 없는 유방을 주시옵소서 15 그
들의 모든 악이 길갈에 있으므로 내가 거기에서 그들을 미워하였노라 그들의 행위가
악하므로 내 집에서 그들을 쫓아내고 다시는 사랑하지 아니하리라 그들의 지도자들은
다 반역한 자니라 16 에브라임은 매를 맞아 그 뿌리가 말라 열매를 맺지 못하나니 비
록 아이를 낳을지라도 내가 그 사랑하는 태의 열매를 죽이리라 17 그들이 듣지 아니하
므로 내 하나님이 그들을 버리시리니 그들이 여러 나라 가운데에 떠도는 자가 되리라

V. 관찰 문제의 바른 답

말씀 돋보기 - 관찰

1 본문의 1절부터 9절은 여호와께서 이스라엘에게 흉년을 통하여 분노를 표현하는 것으로 앞으로 다가올 더 큰 화-군사적 패배와 포로생활-에 대한 경고를 나타내고 있다. 앞으로 나타날 흉년의 구체적인 현상과 이유는 무엇인가?(호 9:1-9)

a) 1–3절: 땅의 소산을 누리지 못하게 됨 – 흉작으로 타작마당이나 술틀이 쓸모가 없게 됨

b) 4–6절: 주님을 예배할 수 없게 됨 – 기근으로 하나님께 드릴 제물이 없음

c) 7–9절: 선지자를 핍박한 결과 – 선지자들의 경고를 무시

Tip

추수하며 즐거워하던 이스라엘 사람들이 더 이상의 타작 마당과 새포도주를 맛볼 수 없음은 하나님이 흉년을 통하여 분노를 나타냈기 때문이다(1–3절). 이스라엘이 하나님께 제물을 드릴 수 없다는 것은 주님을 예배할 수 없게 되는 것을 의미한다(4절). 이것은 이스라엘이 매우 혹독한 기근을 경험할 것이기 때문에 절기가 와도 하나님께 드릴 제물이 없다(5절)는 것이다. 마지막으로 백성들은 이미 다가오는 위기에 대한 여러 선지자들의 지속적인 경고를 무시했다(7–9절). 백성들은 선지자를 어리석은 자요 미친 자들로 여겼다.

2 하나님께서는 옛적에 있었던 이스라엘과의 만남을 무엇에 비유하고 있는가?(호 9:10)

포도송이, 제철의 무화과 첫 열매

Tip

하나님께서는 이스라엘과 처음 만나셨을 때를 광야에서 만난 포도송이, 제철의 무화과 첫 열매를 보는 듯했다고 회상하신다. 이것은 매우 흥분되고 신선한 만남을 의미한다. 광야에서는 포도를 기대할 수 없으므로 유목민들이 포도를 발견한다면 당연히 흥분할 것이다.

또한 봄에 처음 익은 무화과는 팔레스타인 사람들에게 매우 특별했다. 열매를 오랫동안 보관할 수 없었던 시대에 수확해 놓은 무화과 열매가 모두 소모되면 다음 해까지 기다려야 했다. 마지막 열매를 먹는 동안에는 과일의 맛에 익숙해져서 특별한 것을 못 느꼈을 것이다. 그러다가 몇 달 만에 먹어 보는

봄철의 첫 무화과는 유별나게 맛있게 느껴진다.

이 두 비유는 이스라엘이 어렸을 때에는 하나님께 참으로 많은 기쁨과 흥분을 자아내는 나라였다는 뜻이다.

3 에브라임의 영광이신 하나님께서 떠나시는 모습을 무엇에 비유하고 있는가?(호 9:11)

새 같이 날아감

Tip 에브라임의 영광이신 하나님이 떠나시는 모습을 새가 날아가는 것으로 비유하고 있다. 이것은 하나님께서 아주 빨리, 순식간에 떠나실 것이며, 누구도 이 일을 막을 수 없다는 것을 강조하는 것이다.

4 하나님의 심판을 초래한 이스라엘의 행악은 무엇인가?(호 9:13)

어린아이들을 우상에게 제물로 바침

Tip 두로와 페니키아는 어린아이들을 신에게 제물로 바쳤던 것으로 유명했던 곳이다. 이스라엘도 이들의 풍습을 따라 자기 자식들을 우상에게 바치는 끔찍한 일을 저질렀다.

5 부끄러운 우상에게 몸을 드린 이스라엘에게 내린 심판은 무엇인가?(호 9:11-12, 16-17)

불임, 기근, 이방의 포로가 됨

Tip 하나님께서는 에브라임이 잉태하지 못할 것이며, 설령 자식을 낳는다 해도 그들을 죽이실 것이라고 하신다. 이스라엘이 다산의 종교인 바알을 쫓고 있기 때문에 이들에게 가장 적절한 심판은 기근과 불임이다. 기근과 불임이 올 때 그들은 바알이 아무런 힘이 없다는 것을 인식하게 될 것이기 때문이다.

에브라임은 또한 여호와께 버림 받아 열방을 방황하게 될 것이다. 처음 하나님께서 이스라엘을 만났을 때 이스라엘은 광야에 있는 포도나무와 같았다. 이제 이스라엘은 열방 광야에 떠돌이 신세가 될 것이다.

삶의 내비게이션 - 적용

1 선지자는 인생에 흉년이 오는 이유를 세 가지로 말하고 있다. 과거에 a) 당신이 경험한 인생의 흉년은 어떤 것이 있었는가? b) 왜 그렇게 생각하는가?

관찰문제 1번 참조. 각자가 경험한 인생의 흉년에 대해 이야기를 나누어 본다. 경제적인 어려움, 인생의 심한 고독감, 영적으로는 기도도 안되고, 기도해도 응답도 없는 것 같은 상태 등 다양한 흉년에 대해 이야기를 나누도록 한다.

그리고 그 흉년이 왜 자신에게 왔는지에 대해서도 돌아보도록 한다. 관찰문제 1번처럼 하나님의 심판일 수도 있고, 예배를 드리지 못했거나 또는 예배를 드리되 하나님이 원하시는 예배가 아니었기 때문일 수도 있다. 또한 선지자를 핍박하고 무시했던 이스라엘 사람들처럼 나보다 어린 리더들을 무시했다던가 혹은 그들의 설교나 권면을 가볍게 여겨서 등 다양한 이유를 찾을 수 있을 것이다.

흉년의 원인을 찾을 수 있도록 인도자는 돕는다.

2 하나님의 영광은 새와 같이 순식간에 떠나갈 수 있다. 우리의 죄가 하나님을 떠나가게 하기 때문이다. 당신이 현재 하나님의 영광의 임재를 누리기 위해 절제하거나 지켜야 하는 것은 무엇인가?

관찰문제 3번 참조. 하나님의 전은 구약에서는 성전으로, 신약에서는 공동체와 개인으로 표현되고 있으며, 하나님의 임재와 영광이 함께 하는 곳이다. 그런데 하나님의 성전인 공동체와 개인이 죄를 지으면 하나님의 영광이 떠나가게 된다. 그러므로 크리스천에게 경건은 선택이 아니라 필수 사항이다.

각자가 하나님의 영광의 임재를 누리고 있는지 이야기 나누어 본다. 그리고 임재를 계속적으로 누리기 위해서 절제하고 지켜야 하는 것에는 무엇이 있는지 말해 보도록 한다. 하나님의 임재를 느끼지 못하는 경우는 그것이 죄 때문인지, 스스로 깨닫지 못하는 무감각 때문인지 생각해 본다.

인도자는 참가자가 하나님보다 자신을 더 우선시 하고 있지 않은지 스스로 생각할 수 있도록 돕는다. 이 부분에 대해서는 말하기 어려워하는 경우 꼭 말하지 않아도 된다. 그러나 스스로 생각하거나 타인의 경험을 들으면서 하나님의 임재를 체험하도록 돕는다.

3 하나님과 이스라엘의 첫만남은 광야에서 만난 포도송이처럼 제철의 무화과 첫열매처럼 매우 흥분되고 신선했다. 당신이 처음 예수 믿었을 때의 신앙과 지금을 비교해 보면 무엇이 다른가?

관찰문제 2번 참조. 이스라엘은 하나님의 기쁨이었고 흥분을 자아내는 대상이었다. 하나님은 이스라엘과의 온전한 관계를 원하셨고, 이스라엘이 온전히 하나님의 것이 되기를 원하셨다. 그러나 이스라엘은 오직 하나님께만 드릴 수 있는 첫 소산을 우상에게 바쳐서 하나님을 아프게 했다. 우리도 하나님의 기쁨과 흥분의 대상이었고, 하나님께서는 우리와의 온전한 관계를 원하신다. 그러나 시간이 흐를수록 그 온전함이 퇴색되어가는 것을 느낄 수 있을 것이다.

각자가 처음 예수님을 믿었을 때의 신앙생활과 지금의 신앙생활의 차이점을 말해 보도록 한다. 예를 들면, 처음에는 헌금을 새 돈으로 하려고 노력했는데, 지금은 아무 것으로나 드리는 모습, 무엇(공부, 하루 일과, 출근)을 하기 전에는 반드시 기도를 했는데 지금은 기도 없이도 지내는 모습, 새 옷은 꼭 교회에 먼저 입고 갔는데 지금은 친구에게 먼저 보여주는 것 등 일상 생활 중에서 경험한 예들을 찾아 이야기 나누어 보도록 한다.

Ⅶ. 마무리

- 기도로 마무리한다.
- 제10주 관찰 문제를 예습해 오도록 한다.
- 실천 과제를 제시한다.

생활의 아로마 - 실천

예 1) 순수했던 처음 신앙으로 돌아가기 – 구체적으로 각자 말했던 부분에 대해 일주일 동안 실천하도록 한다.

제10주

내가 어찌…?

호세아 11:1-12

학습목표

1. 이스라엘에게 배신당한 하나님의 마음을 알 수 있다.
2. 인간의 배신에도 끝까지 사랑하고 품으시는 하나님을 알 수 있다.

KEYWORD 배신, 고뇌, 용서

Ⅰ. 찬양과 기도

Ⅱ. 지난주 실천 과제 나눔

Ⅲ. 복습문제 풀이

복습

1 이스라엘에 흉년이 오는 이유는 무엇인가?(호 9:2-8)

a) 2절: 여호와의 분노로 농사가 흉작이 됨

b) 4절: 기근으로 하나님께 드릴 제물이 없음

c) 7절: 선지자들의 경고를 무시

Ⅳ. 말씀 호세아 11:1-12을 다함께 읽는다

11:1 이스라엘이 어렸을 때에 내가 사랑하여 내 아들을 애굽에서 불러냈거늘 2 선지자
들이 그들을 부를수록 그들은 점점 멀리하고 바알들에게 제사하며 아로새긴 우상 앞
에서 분향하였느니라 3 그러나 내가 에브라임에게 걸음을 가르치고 내 팔로 안았음에
도 내가 그들을 고치는 줄을 그들은 알지 못하였도다 4 내가 사람의 줄 곧 사랑의 줄
로 그들을 이끌었고 그들에게 대하여 그 목에서 멍에를 벗기는 자 같이 되었으며 그들
앞에 먹을 것을 두었노라 5 그들은 애굽 땅으로 되돌아 가지 못하겠거늘 내게 돌아 오
기를 싫어하니 앗수르 사람이 그 임금이 될 것이라 6 칼이 그들의 성읍들을 치며 빗장
을 깨뜨려 없이하리니 이는 그들의 계책으로 말미암음이니라 7 내 백성이 끝끝내 내
게서 물러가나니 비록 그들을 불러 위에 계신 이에게로 돌아오라 할지라도 일어나는
자가 하나도 없도다 8 에브라임이여 내가 어찌 너를 놓겠느냐 이스라엘이여 내가 어
찌 너를 버리겠느냐 내가 어찌 너를 아드마 같이 놓겠느냐 어찌 너를 스보임 같이 두
겠느냐 내 마음이 내 속에서 돌이키어 나의 긍휼이 온전히 불붙듯 하도다 9 내가 나의
맹렬한 진노를 나타내지 아니하며 내가 다시는 에브라임을 멸하지 아니하리니 이는
내가 하나님이요 사람이 아님이라 네 가운데 있는 거룩한 이니 진노함으로 네게 임하
지 아니하리라 10 그들은 사자처럼 소리를 내시는 여호와를 따를 것이라 여호와께서
소리를 내시면 자손들이 서쪽에서부터 떨며 오되 11 그들은 애굽에서부터 새 같이, 앗
수르에서부터 비둘기 같이 떨며 오리니 내가 그들을 그들의 집에 머물게 하리라 나 여
호와의 말이니라 12 에브라임은 거짓으로, 이스라엘 족속은 속임수로 나를 에워쌌고
유다는 하나님 곧 신실하시고 거룩하신 자에게 대하여 정함이 없도다

Ⅴ. 관찰 문제의 바른 답

말씀 돋보기 - 관찰

1 선지자는 이스라엘을 간음한 아내로 묘사했는데 여기서는 무엇에 비유하고 있으며, 이스라엘을 향한 하나님의 사랑을 어떻게 묘사하고 있는가?(호 11:1-4)

아들, 걸음마를 가르치고 안아서 기르셨다.

Tip 선지자는 이스라엘을 부모의 고마움을 전혀 알아 주지 않는 아들, 패륜아로 묘사한다. 또한 하나님을 패륜아 이스라엘에게 배반당하는 부모로 묘사한다.

부부관계에서 부모-자식 관계로 비유는 바뀌었지만, 가족이라는 넓은 틀은 계속 유지하고 있다. 이스라엘이 아무리 범죄해도 끝까지 하나님의 가족임을 강조하기 위해서이다. 또한 선지자는 이스라엘과 하나님의 관계를 젖먹이 아이와 그를 돌보는 부모로 묘사하고 있다. 하나님께서 이스라엘을 걸음마를 가르치시고 가슴에 안아서 애지중지 키우셨다. 성경은 하나님의 보호와 양육을 여러 가지로 묘사하는데 여기에 제시되는 하나님의 사랑과 보살핌은 그 절정에 해당한다.

2 여호와께 돌아오기를 거부하는 이스라엘에게 내려진 심판은 무엇인가?(호 11:5)

앗수르 사람이 그들의 임금이 되어 섬기게 될 것이다 - 앗수르의 포로가 됨

Tip 하나님께 돌아오지 않는 자들은 결국 옛날 어려웠던 시절로 돌아갈 수 밖에 없다. 하나님께서 회개하지 않는 이스라엘을 옛 노예의 모습으로 되돌리시는데 이번에는 이집트가 아니라 앗수르를 섬겨야 한다.

3 하나님의 사랑을 거부하는 이스라엘을 용서하시는 하나님의 마음은 어떠한가?(호 11:8-9)

용서할 수 없는 자를 용서하시고, 버림받아 마땅한 자를 버리지 않고 품으시는 긍휼의 마음

Tip 끝까지 회개하기를 거부하는 백성들을 향한 심판주 하나님의 안타까워하는 모습은 마치 노아의 홍수가 진행되는 동안 괴로워하시는 하나님의 모습과 비슷하다. 하나님께서는 이스라엘을 심판하시기로 결정하셨다고 이미 수 차례 선언하셨다(8절). 이 결정을 내리기에는 하나님의 심각한 번민과 고민이 있었다. 그럼에도 용서가 가능한 이유는 "나는 하나님이요, 사람이 아니기 때문"(9절)이라고 하신다. 용서할 수 없는 자를 용서하시고, 버림받아 마땅한 자를 버리지 않고 품으시는 것은 하나님만이 하실 수 있는 일이다. 마치 어머니가 온 세상이 사랑할 수 없는 버림받은 자식을 사랑하는 것처럼 말이다.

피고 이스라엘의 입증된 우상숭배	⇨	타국으로 끌려 가는 형벌 선고	⇨	혹독한 심판에도 회개치 않는 이스라엘	⇨	징계에도 회개치 않는 이스라엘을 다시 사랑키로 결정

4 이스라엘을 앗수르에서 돌아오게 하는 하나님의 모습을 무엇에 비유하고 있는가?(호 11:10)

부르짖는 사자

Tip 선지자는 하나님을 부르짖는 사자로 묘사한다. 사자 은유는 대체로 심판을 의미한다. 그러나 이곳에서는 사자의 외침이 구원을 이룬다.

5 하나님의 놀라운 은혜를 경험한 이스라엘을 어떻게 묘사하고 있는가?(호 11:11)

비둘기 같이 떤다

Tip 하나님의 소리를 듣고 집으로 돌아오는 이스라엘이 떨고 있다. 그들이 떠는 것은 두려워서가 아니라 그들이 체험한 놀라운 하나님의 은혜로 인해 떨고 있는 것이다. 죄만 일삼던 이스라엘이 하나님이 어떤 분이신가를 깨닫고 그분의 은혜를 체험하고 나니 그분을 경외하게 된 것이다.

VI. 적용과 나눔

삶의 내비게이션 - 적용

1 선지자는 하나님과 이스라엘의 관계를 부부와 부모 관계로 묘사하고 있다. 당신은 '하나님' 하면 떠오르는 것은 무엇인가?

관찰문제 1번 참조. '하나님' 하면 떠오르는 이미지에 대해 이야기를 나누어 본다. 그것이 아버지 혹은 남편의 모습일 수 있다. 그러나 어린 시절 아버지와 좋은 기억을 가지고 있지 않다면 하나님을 아버지보다 어머니나 할머니로 떠올릴 수도 있다. 모든 사람이 생각하는 하나님에 대한 이미지가 아버지일 수는 없다는 사실을 인도자는 잊어서는 안 된다.

2 하나님의 지속적인 사랑을 거부하는 이스라엘처럼 당신의 사랑을 거부하고 배신한 사람이 있는가? 그때 당신의 마음은 어떠했는가?

관찰문제 3번 참조. 하나님의 성품을 닮은 우리는 누군가를 지속적으로 사랑하고 섬길 수 있다. 교회 안에서 헌신적으로 섬겼는데 돈을 꾸어 달라고 하더니 자취를 감춘 경우, 사랑으로 양육을 했던 새신자에게 배신을 당한 경우, 사회에서 너무 좋은 사이였는데 어느 순간 배신을 당한 경우 등 다양한 이야기가 나올 수 있다. 여기서 중요한 것은 배신을 당한 경험보다는 그 때의 마음, 심정을 이야기 나눔으로 하나님의 마음을 이해하는 것이다.

인도자는 배신 당한 경험 부분에서 너무 오래 시간을 끌지 않도록 한다. 대신 그 때의 마음에 대해 말하도록 하고 그것을 통해 하나님의 마음을 이해하는데 더 많은 이야기를 나누도록 돕는다.

3 하나님의 놀라운 은혜에 이스라엘은 비둘기처럼 떨면서 나온다. 당신은 하나님의 구원과 은혜가 너무 놀라워서 새처럼 떨었던 경험이 있는가?

관찰문제 5번 참조. 놀라운 은혜를 체험했을 때의 떨리는 심정, 말로 표현할 수 없는 경외감 등을 이야기 나누어 보도록 한다. 각자가 너무 길지 않게 돌아가면서 이야기 나누며 하나님을 찬양하는 시간으로 채워지도록 인도자는 돕는다. 이 부분은 모두가 참여하도록 한다.

4 하나님은 용서할 수 없는 자를 용서하시며, 사랑할 수 없는 자를 사랑하신다. 이처럼 놀라우신 은혜의 하나님을 닮기 위해서 당신이 노력해야 하는 것은 무엇인가?

관찰문제 3번 참조. 구체적으로 용서하고 이해하기 어려운 상대를 떠올리면서 그를 용서하고 사랑하기 위해서 노력해야 하는 것은 무엇인지 이야기를 나누어 보도록 한다. 그 대상에 따라 각자가 노력해야 하는 것이 다를 것이다. 어떤 이는 인내를, 어떤 이는 사랑을, 어떤 이는 겸손을 다양한 이야기가 나올 수 있다.

인도자는 그 상대가 누구인지를 말하는 것보다 사랑하고 용서하기 위해 노력해야 할 부분에 초점을 두고 이야기를 나누도록 한다.

Ⅶ. 마무리

- 기도로 마무리한다.
- 제11주 관찰 문제를 예습해 오도록 한다.
- 실천 과제를 제시한다.

생활의 아로마 - 실천

예 1) 마음에 용서가 안되는 사람을 위해 기도하고 전화통화를 하고 온다. – 용서하기를 실천하도록 한다.

제11주

애증의 심판

호세아 13:1–16

학습목표

1. 그렇게 사랑했던 이스라엘의 배신에 아파하는 하나님의 마음을 알 수 있다.
2. 우상은 이슬, 쭉정이, 연기 같은 허무한 존재라는 것을 알 수 있다.

KEYWORD 배신, 허무, 심판

Ⅰ. 찬양과 기도

Ⅱ. 지난주 실천 과제 나눔

Ⅲ. 복습문제 풀이

복습

1 하나님의 사랑을 거부하는 이스라엘을 용서하시는 하나님의 마음은 어떠한가?(호 11:8-9)

용서할 수 없는 자를 용서하시고, 버림받아 마땅한 자를 버리지 않고 품으시는 긍휼의 마음

2 이스라엘을 앗수르에서 돌아오게 하는 하나님의 모습을 무엇에 비유하고 있는가?(호 11:10)

부르짖는 사자

Ⅳ. 말씀 호세아 13:1-16을 다함께 읽는다

13:1 에브라임이 말을 하면 사람들이 떨었도다 그가 이스라엘 중에서 자기를 높이더
니 바알로 말미암아 범죄하므로 망하였거늘 2 이제도 그들은 더욱 범죄하여 그 은으
로 자기를 위하여 우상을 부어 만들되 자기의 정교함을 따라 우상을 만들었으며 그것
은 다 은장색이 만든 것이거늘 그들은 그것에 대하여 말하기를 제사를 드리는 자는 송
아지와 입을 맞출 것이라 하도다 3 이러므로 그들은 아침 구름 같으며 쉬 사라지는 이
슬 같으며 타작 마당에서 광풍에 날리는 쭉정이 같으며 굴뚝에서 나가는 연기 같으리
라 4 그러나 애굽 땅에 있을 때부터 나는 네 하나님 여호와라 나 밖에 네가 다른 신을
알지 말 것이라 나 외에는 구원자가 없느니라 5 내가 광야 마른 땅에서 너를 알았거늘
6 그들이 먹여 준 대로 배가 불렀고 배가 부르니 그들의 마음이 교만하여 이로 말미암
아 나를 잊었느니라 7 그러므로 내가 그들에게 사자 같고 길 가에서 기다리는 표범 같
으니라 8 내가 새끼 잃은 곰 같이 그들을 만나 그의 염통 꺼풀을 찢고 거기서 암사자
같이 그들을 삼키리라 들짐승이 그들을 찢으리라 9 이스라엘아 네가 패망하였나니 이
는 너를 도와 주는 나를 대적함이니라 10 전에 네가 이르기를 내게 왕과 지도자들을
주소서 하였느니라 네 모든 성읍에서 너를 구원할 자 곧 네 왕이 이제 어디 있으며 네
재판장들이 어디 있느냐 11 내가 분노하므로 네게 왕을 주고 진노하므로 폐하였노라
12 에브라임의 불의가 봉함되었고 그 죄가 저장되었나니 13 해산하는 여인의 어려움
이 그에게 임하리라 그는 지혜 없는 자식이로다 해산할 때가 되어도 그가 나오지 못하
느니라 14 내가 그들을 스올의 권세에서 속량하며 사망에서 구속하리니 사망아 네 재
앙이 어디 있느냐 스올아 네 멸망이 어디 있느냐 뉘우침이 내 눈 앞에서 숨으리라 15
그가 비록 형제 중에서 결실하나 동풍이 오리니 곧 광야에서 일어나는 여호와의 바람
이라 그의 근원이 마르며 그의 샘이 마르고 그 쌓아 둔 바 모든 보배의 그릇이 약탈되
리로다 16 사마리아가 그들의 하나님을 배반하였으므로 형벌을 당하여 칼에 엎드러질
것이요 그 어린 아이는 부서뜨려지며 아이 밴 여인은 배가 갈라지리라

Ⅴ. 관찰 문제의 바른 답

말씀 돋보기 - 관찰

1 누가 우상을 숭배하는가? 우상은 무엇인가?(호 13:1-2)

에브라임, 세공업자들이 만든 것

Tip 호세아는 에브라임이 바알을 숭배한 일을 이야기하고 있다. 이스라엘은 자신들이 우상 때문에 망하게 되었으면 정신을 차리고 하나님께 돌아와야 하는데 세공업자들이 만든 것에 불과한 온갖 우상을 더 만들도록 한다. 우상숭배는 마약중독과 같다. 한번 시작하면 끊기 어렵고, 점점 더 원하게 되고 빠져나오기 어려워진다. 이스라엘은 자신이 곤경에 처한 것은 우상이 부족해서라고 생각하고 우상을 더 많이 만들어 자신들이 처한 어려움을 만회하려고 한다.

2 선지자는 이스라엘의 우상숭배 결과를 세 가지로 비유한다. 그것은 무엇인가?(호 13:3)

a) 쉬 사라지는 이슬

b) 광풍에 날리는 쭉정이

c) 굴뚝에서 나가는 연기

Tip 첫째, 이스라엘은 아침에 잠깐 있다가 해가 뜨면 순식간에 사라지는 이슬처럼 사라질 것이다.

둘째, 농부가 타작한 곡식들 사이에 끼어 있는 불순물을 제거하기 위해 곡식을 공중에 던진다. 그러면 쭉정이는 바람에 날려간다. 이런 쭉정이처럼 이스라엘도 사라져 갈 것이다.

셋째, 굴뚝에서 나던 연기가 바람에 휘날려 순식간에 사라지는 것처럼 이스라엘도 사라질 것이다.

모두 다 이스라엘의 종말이 순식간에 들이닥칠 것을 경고한다.

3 이스라엘을 심판하시는 하나님은 어떤 짐승으로 표현되고 있는가?(호 13:7-9)

사자, 표범, 새끼 잃은 곰, 들짐승

Tip 하나님께서는 광야에서 들짐승들로부터 이스라엘을 보호하셨다. 그러나 이제는 그들에게 들짐승처럼 달려들어 물고 찢으실 것이다. 사자, 표범, 새끼 잃은 암곰, 또한 구체적으로 밝혀지지 않은 들짐승이 그들에게 달려들 것이라고 선언하고 계신다. 하나님이 이스라엘을 찢는 짐승으로 표현 되는 것은 그들이 하나님을 대적했기 때문이다.

- 사자 – 유다 지파(다윗 왕조)의 상징

• 표범 – '지킬 것이다'와 '아시리아'소리가 같음

• 암곰 – 하나님 심판의 상징(엘리사가 숲에서 곰을 불러내어 놀리던 자를 찢게 한 이후), 메대 바사의 상징
'새끼 잃은 암곰'은 어미의 필사적인 모습을 잘 묘사, 배신당한 하나님의 심정을 잘 말하고 있음

4 이스라엘의 패망을 아무도 막을 수 없는 이유는 무엇인가?(호 13:9)

은혜를 베푸신 하나님께서 스스로 치시기 때문에 아무도 하나님을 막을 수 없다.

Tip

이스라엘이 당면한 온갖 재앙과 위기에서 그들에게 도움을 주시는 분은 오직 하나님 뿐이시다. 이스라엘을 궁지에서 구해 주고 보호해 줄 리더들은 없다. 이러한 혼란이 이스라엘에 임하게 된 것은 여호와께서 그렇게 하셨기 때문이다(11절). 그런데 이스라엘은 그 하나님을 대적한 것이다. 은혜를 베푸신 하나님께서 스스로 치시기 때문에 아무도 하나님을 막을 수 없다. 은혜의 주가 심판의 주로 바뀐 것이다.

5 동풍 곧 여호와의 바람은 무엇을 의미하는가?(호 13:15)

앗수르의 침략

Tip

사막에서 동풍이 불어 올 것인데 이 바람의 파괴력이 얼마나 대단한지 샘과 우물도 마른다. 학자들은 이 이미지를 이스라엘이 농사를 지을 수 없게 되는 의미로 해석하거나, 앗수르의 침략으로 해석하기도 한다. 사람들은 칼에 찔려 쓰러지고, 어린 아이들은 박살날 것이며, 임신한 여인들의 배가 갈릴 것이다. 혹독한 전쟁과 연관된 이미지들이다. 호세아는 전쟁의 과정 언급에는 관심이 없다. 오직 참담한 결과를 말할 뿐이다. 이스라엘은 결코 침략군의 적수가 될 수 없기 때문에 순식간에 이런 일이 펼쳐질 것을 암시한다. 이스라엘은 분명 전쟁을 통해 종말을 맞이할 것이다. 물론 이 전쟁은 주전 722년에 있었던 앗수르의 침략과 도륙을 말한다.

*16절에 나타난 하나님은 전쟁에서 일어나는 혹독한 현상들의 결과를 기록한 것으로 하나님의 잔인한 모습에 초점을 맞추어서는 안된다.

삶의 내비게이션 - 적용

1 당신에게는 자신이 순식간에 사라지는 이슬, 연기 같다고 느끼게 한 사건이 있는가?

관찰문제 2번 참조. 우상숭배의 결과를 호세아는 이슬, 쭉정이, 연기로 비유하고 있다. 이것들은 쉽게 사라지는 것들이다. 사람은 누구나 어느 순간 인생의 허무함을 느끼거나, 풍요했다가 갑자기 빈곤에 처할 때 감정의 변화를 느끼게 된다. 각자가 경험한 것들을 이야기 나누어 본다.

예) 인생의 무상함, 재물, 인기, 음식 등

주식을 투자했다가 순식간에 돈이 휴지 조각이 된 경우, 많은 인기를 누리다가 갑자기 외톨이가 된 경우, 맛있는 음식을 배불리 먹고 난 후, 기대했던 일이 아무것도 아닌 일이 되어 버리는 경우 등 다양한 이야기를 나눌 수 있다. 꼭 큰 사건이 아니어도 좋다. 인도자는 생활하면서 느꼈던 소소한 이야기를 서로 나누도록 돕는다.

2 하나님은 이스라엘을 모든 궁핍과 어려움에서 구원하신 유일한 구세주이시다. 그런데 이스라엘은 등을 돌리고 배반을 하고 있다. 당신이 가장 어두웠던 순간에 하나님께서 도움을 주다면 그 문제가 해결된 뒤에는 하나님께 어떤 모습을 보였는가?

관찰문제 1번, 4번 참조. 사람은 누구나 어려운 일을 당하면 지푸라기라도 잡고 심정으로 신을 찾게 된다. 물에 빠진 사람들은 그 누구보다도 하나님을 찾게 된다고 한다. 더군다나 하나님을 믿는 우리들이 어려운 순간 하나님을 찾는 것은 당연한 일이다. 그러나 그 어려움을 빨리 해결하고자 마음에도 없는 서원을 하거나 충성을 맹세하는 경우도 있다. 이럴 경우 일이 해결되면 서원한 일을 책임 회피하거나 심지어는 하나님을 떠나기까지 한다. 당신이 경험한 일은 무엇이 있는지 이야기를 나누어 보도록 한다.

한국 속담에 화장실 가기 전과 다녀온 후가 다르다는 말이 있다. 하나님에게도 일이 해결되기 전과 해결된 후에 어떻게 다르게 행동했는지 혹은 기도했는지 서로 말해 보도록 한다. 예를 들어 "이것만 해결해 주시면, 제가 교회에 봉사하겠습니다"라고 기도했는데 일이 해결된 후에는 "하나님 제가 시간이 없어서 봉사 못하는 것 아시지요. 마음은 그렇지 않습니다"라고 하는 경우도 있을 것이다.

인도자는 참가자들이 하나님께 다짐했던 일에 대해서 스스로 돌아보게 하고, 다시 기억해서 실천까지 할 수 있도록 돕는다.

3 당신은 누구를 의지하는가? 그사람/그것이 영원히 당신을 도와줄 수 있는가?

관찰문제 4번 참조. 가장 의지하는 것은 무엇인지 서로 이야기를 나누어 본다. 물론 하나님을 의지한다는 답을 말할 것이다. 그러나 막상 현실에서 누군가의 도움이 필요하다면 그 순간 누가 떠오를 것인가에 대해 이야기를 나누어 보도록 한다. 부모님, 남편이나 아내, 목사님 등 다양한 대답이 나올 수 있다. 그리고 그 사람 혹은 그것이 영원한 도움을 줄 수 있는지도 서로 말해 보도록 한다.

인도자는 진정한 도움을 줄 수 있는 분은 누구인지 서로 말하도록 돕는다.

Ⅶ. 마무리

- 기도로 마무리한다.
- 제12주 관찰 문제를 예습해 오도록 한다.
- 실천 과제를 제시한다.

생활의 아로마 - 실천

예 1) 가장 어두웠던 시기에 하나님께 다짐했던 각오와 결심을 다시 기억하고 실행하도록 한다.

제12주

상처받은 치유자

호세아 14:1-9

학습목표

1. 끝까지 사랑하시는 하나님을 알 수 있다.
2. 하나님을 아는 참 지식을 갖도록 노력해야 한다.

KEYWORD 회개, 용서, 참 지식

Ⅰ. 찬양과 기도

Ⅱ. 지난주 실천 과제 나눔

Ⅲ. 복습문제 풀이

복습

1 선지자는 이스라엘의 우상숭배 결과를 세 가지로 비유한다. 그것은 무엇인가?(호 13:3)

a) 쉬 사라지는 이슬

b) 광풍에 날리는 쭉정이

c) 굴뚝에서 나가는 연기

2 이스라엘의 패망을 아무도 막을 수 없는 이유는 무엇인가?(호 13:9)

은혜를 베푸신 하나님께서 스스로 치시기 때문에 아무도 하나님을 막을 수 없다.

Ⅳ. 말씀 호세아 14:1-9을 다함께 읽는다

14:1 이스라엘아 네 하나님 여호와께로 돌아오라 네가 불의함으로 말미암아 엎드러
졌느니라 2 너는 말씀을 가지고 여호와께로 돌아와서 아뢰기를 모든 불의를 제거하
시고 선한 바를 받으소서 우리가 수송아지를 대신하여 입술의 열매를 주께 드리리이
다 3 우리가 앗수르의 구원을 의지하지 아니하며 말을 타지 아니하며 다시는 우리의
손으로 만든 것을 향하여 너희는 우리의 신이라 하지 아니하오리니 이는 고아가 주
로 말미암아 긍휼을 얻음이니이다 할지니라 4 내가 그들의 반역을 고치고 기쁘게 그
들을 사랑하리니 나의 진노가 그에게서 떠났음이니라 5 내가 이스라엘에게 이슬과
같으리니 그가 백합화 같이 피겠고 레바논 백향목 같이 뿌리가 박힐 것이라 6 그의
가지는 퍼지며 그의 아름다움은 감람나무와 같고 그의 향기는 레바논 백향목 같으리
니 7 그 그늘 아래에 거주하는 자가 돌아올지라 그들은 곡식 같이 풍성할 것이며 포
도나무 같이 꽃이 필 것이며 그 향기는 레바논의 포도주 같이 되리라 8 에브라임의
말이 내가 다시 우상과 무슨 상관이 있으리요 할지라 내가 그를 돌아보아 대답하기
를 나는 푸른 잣나무 같으니 네가 나로 말미암아 열매를 얻으리라 하리라 9 누가 지
혜가 있어 이런 일을 깨달으며 누가 총명이 있어 이런 일을 알겠느냐 여호와의 도는
정직하니 의인은 그 길로 다니거니와 그러나 죄인은 그 길에 걸려 넘어지리라

Ⅴ. 관찰 문제의 바른 답

말씀 돋보기 - 관찰

1 이스라엘의 회개하기를 권면하는 세가지 구체적인 제안은 무엇인가?(호 14:1-3)

용서를 위한 기도를 드리라.

잘못된 신앙생활을 포기하라.

자비하신 성품에 호소하라.

Tip

〈선지자의 권면〉

	권면	권면의 이유	권면의 목적
2절	용서를 위한 기도를 드리라	재물이 아닌 입술을 통한 찬양이 진정한 회개의 열매이기 때문	하나님의 자비로움을 찬양하는 것

	권면	권면의 이유	권면의 목적
3a절	잘못된 신앙생활을 포기하라	모든 형태(유,무형)의 우상숭배는 죄악이기 때문	오직 하나님만 의존하기 위해서
3b절	자비하신 성품에 호소하라	'고아를 가엽게 여기시는' 하나님의 자비 때문	자신들을 배제한 긍휼하신 하나님께 초점

2 용서를 위한 기도를 드린 이스라엘이 하나님께 드릴 회개의 열매는 무엇인가?(호 14:2)

그들의 입술을 통한 찬양

Tip 기도를 드린 이스라엘은 진정한 회개의 열매도 하나님께 드려야 한다. 진정한 회개의 열매는 제물이 아니라 **그들의 입술을 통한 찬양**이다. 만유의 주시고 온 세상을 창조하신 분에게 드릴 수 있는 가장 순수하고 아름다운 선물은 바로 그분의 자비로움을 찬양하는 것이다. 그러므로 하나님께 찬양을 드리는 것은 용서 받은 모든 죄인들의 당연한 의무이자 특권인 것이다.

3 하나님께서는 반역하는 이스라엘의 죄를 어떻게 해결하시는가?(호 14:4)

고쳐 주신다.

Tip 하나님께서는 이스라엘의 근본적인 문제를 "치료해 주시겠다"고 말씀하신다. 선지자는 죄를 인간이 앓고 있는 일종의 병으로 취급하고 있다. 병자는 징계가 필요한 것이 아니라 처방이 필요하다. 징계는 그의 문제를 해결할 수 없기 때문이다. 하나님께서 이스라엘을 병자로 취급하여 치료하시겠다는 의지를 밝히신다.

〈질병과 죄의 해결방법〉

질병	죄
병 인식	죄의 자백
의사의 지시와 처방 복종	하나님의 지시 복종
병을 이겨야겠다는 의지	죄에서 벗어나야겠다는 의지
영양섭취, 개인적 묵상, 체계적인 배움	말씀섭취, 바쁜 일상에서 벗어난 묵상과 되돌아봄의 필요

4 하나님께서 회복하실 이스라엘의 모습을 자연세계와 연관된 비유로 세 번 말씀하신다. 그것은 무엇인가?(호 14:5-7)

5절: 이슬, 백합화, 레바논의 백향목

6절: 새로운 자람, 올리브 기름, 레바논 백향목 향기

7절: 그늘, 곡식, 레바논 포도주

Tip

〈이스라엘의 회복〉

첫 번째 시리즈(5절)	두 번째 시리즈(6절)	세 번째 시리즈(7절)
이슬 – 4–10월 동안 비가 내리지 않는 이스라엘에서 꼭 필요한 은혜의 상징	**새로운 자람** – 봄철에 새로운 가지들이 왕성하게 뻗어나는 번성을 상징	**그늘**–이스라엘이 열방의 그늘(복)이 될 것
백합화 – 이스라엘의 회복이 매우 풍요롭고 건강할 것을 의미	**올리브 기름** – 올리브나무와 함께 부를 상징	**곡식, 레바논 포도주** – 다산의 신인 바알이 필요 없는 하나님이 주실 이스라엘이 즐길 풍요로움을 의미
레바논 백향목 – 뿌리가 깊은, 다시는 뽑히거나 흔들리지 않는 모습	**레바논 백향목 향기** – 향긋하고 매력적인 냄새처럼 죽음의 냄새가 아닌 생명의 냄새가 날 것을 상징	

5 선지자의 마지막 권면은 무엇인가?(호 14:9)

지혜 있는 자는 깨달으라

Tip 선지자는 마지막으로 "지혜 있는 자는 이 모든 말씀을 듣고 깨달음을 얻으라"라고 호소한다. 그는 최선을 다해서 주님의 말씀을 선포했다. 참 지식은 우상들의 속박에서 벗어나 자유할 수 있고 생명을 선택할 수 있게 하기 때문이다. 선지자는 자신의 가정 이야기를 통해 자기 백성을 향한 하나님의 애틋한 마음을 유감없이 전달했다. 그러나 선지자의 말씀을 모두 받아들여 하나님께 돌아오는 것은 주의 백성들의 몫이다. 선지자는 그들에게 권면할 수 있지만 그들을 대신해 결정할 수는 없다. 그러므로 그는 마지막으로 그들의 이성과 합리성에 호소한다. "나는 당신들에게 할 말을 다 했으니 이제 당신들이 지혜로운 선택을 하여 하나님과 살게 되기를 바랍니다."

삶의 내비게이션 - 적용

1 하나님의 이스라엘을 향한 사랑은 더 이상 그들의 죄에 의해 제한되지 않는 무제한적이고 무조건적인 사랑이다. 그러나 인간의 사랑은 그렇지 못하다. 당신은 언제 사랑이 식거나 변하는 것을 경험하는가? 이것을 진정한 사랑이라고 할 수 있는가?

관찰문제 3번 참조. 하나님은 이스라엘을 기꺼이 사랑하시고 어떠한 전제 조건이나 요구 사항을 동반하지 않고 일방적으로 은혜를 베푸신다. 그러나 우리는 종종 그렇게 사랑했던 사람이 미울 때가 있거나 또는 사랑했던 사람으로부터 배신당할 때가 있다.

당신이 경험한 변절된 사랑이나 배신에 대해 이야기를 나누어 보도록 한다. 돈이 없으면 사람이 변하기도 하고 배신 당하기도 한다. 또는 외모가 변했을 때, 살이 찌거나 늙어서 병들었을 때 사랑이 움직이기도 한다.

서로의 다양한 이야기를 나누어 보고 무엇이 진정한 사랑인지 각자의 표현으로 말할 수 있도록 인도자는 돕는다.

2 당신의 삶 가운데 하나님의 치료가 필요한 것은 무엇인가?

관찰문제 3번 참조. 하나님은 죄를 인간이 앓는 일종의 병으로 취급하고 있다. 병자는 징계가 필요한 것이 아니라 치료가 필요한 것이다. 당신의 삶에서 하나님께서 치료해 주시기를 원하는 부분에 대해 말해 보도록 한다.

예) 죄, 버릇, 습관, 중독 등

다양한 이야기를 나눌 수 있다. 약간은 무거운 이야기가 될 수 있지만 호세아서를 마치면서 이것만은 꼭 하나님께서 치료해 주셨으면 하는 부분이 있다면 솔직히 이야기하도록 인도자는 돕는다. 그리고 단지 이야기를 나누는 것으로 멈추는 것이 아니라 적극적으로 하나님의 치료를 받기 위해 실천해야 하는 것들을 이야기 나누어서 치료받도록 돕는다.

3 진정한 회개의 열매는 고백과 경배를 동반한다. 당신이 지금 드리고 싶은 경배는 무엇인가? 부르고 싶은 찬양은 무엇인가?

관찰문제 2번 참조. 하나님께 진정한 감사의 고백과 경배를 하는 시간을 갖는다. 한 사람씩 돌아가면서 하나님께 드리고 싶은 경배를 표현하도록 한다.

인도자는 소외되는 사람이 없도록 하고 진심에서 우러난 하나님을 경배하는 고백을 드리도록 돕는다. 그리고 이 부분을 어려워 하는 경우 부르고 싶은 찬양의 가사를 음미하여 그 뜻을 되새기는 것도 좋은 방법이다. 물론 경배의 고백과 부르고 싶은 찬양 두 가지를 따로 나누어서 나눌 수도 있다.

4 지난 12주 동안 호세아서를 통해 하나님에 대해 많은 것을 배웠다. 그 중에서 하나님을 한 문장으로 표현한다면 그것은 무엇인가?

지난 12주 동안 호세아서를 공부하면서 하나님에 대해 어떤 부분을 새롭게 알게 되었는지 이야기를 나누어 보도록 한다. 그리고 인도자는 '하나님은 ________ 이다' 는 식으로 한 문장으로 표현하도록 돕는다.

예) 하나님은 상처받은 치유자이다. 하나님은 포기를 모르는 남편이다.

각자가 돌아가면서 한 마디로 하나님을 표현하며 자신이 알고 있는 하나님을 묘사할 수 있도록 한다. 인도자는 모두 다 참여하도록 돕는다.

Ⅶ. 마무리

- 기도로 마무리한다.
- 다음 성경공부 모임에 초대한다.
- 실천과제를 제시한다.

생활의 아로마 - 실천

예 1) 치료해 주시기를 원하는 부분에 대해 구체적으로 도움을 받기 위해 하나님께 기도로 간구하고, 해결하도록 노력한다.

호세아 말씀 공부를 통한 삶의 변화 일지

주	나의 말씀 적용 (생활의 아로마)	실천 과정과 결과
1주		
2주		
3주		
4주		
5주		
6주		

주	나의 말씀 적용 (생활의 아로마)	실천 과정과 결과
7주		
8주		
9주		
10 주		
11 주		
12 주		

호세아 엑스포지멘터리 성경공부 출석

	1	2	3	4	5
이름 / 주					
OT (월 일)					
1주 (월 일)					
2주 (월 일)					
3주 (월 일)					
4주 (월 일)					
5주 (월 일)					
6주 (월 일)					
7주 (월 일)					
8주 (월 일)					
9주 (월 일)					
10주 (월 일)					
11주 (월 일)					
12주 (월 일)					
합계					
연락처					
메모 (가족/기도)					

6	7	8	9	10	11	12

비밀 유지 서약서

나는 이 그룹에서 나눈 것들을 다른 곳에 누설하지 않기로 약속합니다. 또한 다른 그룹원들이 숨기고자 하는 내용을 나누도록 압력을 가하지 않기를 약속합니다. 하나님과 그룹원들에게 나의 약속을 성실히 이행할 것을 서약합니다.

서명 ______________________________

날짜 ______________________________

송병현 〈엑스포지멘터리 시리즈〉의 저자. 캐나다 틴대일 대학교(B. Th.)와 미국 시카고 트리니티 복음주의신학교를 졸업하고(M. Div.) 동 대학원에서 박사학위(Ph. D.)를 받았다. 1997년부터 백석대학교 구약학 교수로 봉직 중이며 2009년부터는 선교지의 지도자 교육을 위해 강사진을 파송하는 STAR 선교회를 이끌고 있다. 목회자와 신학생뿐 아니라 하나님의 말씀에 진지하게 귀기울이기 원하는 이 땅의 그리스도인들을 섬기기 위해 활발한 성경강해와 해석 사역을 펼치고 있다.

송(임)우민 캐나다 틴대일 대학교(B. Th.)와 미국 시카고 트리니티 복음주의신학교를 졸업(M. Div.), LA에 있는 탈봇신학교에서 기독교교육학으로 박사학위(Ph. D.)를 받았다. 20여 년간 북미와 한국에서 영어 주일학교 전도사로 교회학교 현장에서 사역하였으며, CMIS 캐나다국제학교 이사, Korea Montessori College 교수, 몬테쏘리 교사 및 컨설턴트 등 다양한 교육학적 경력을 통해 학부모 세미나, 부부 세미나, 교사 세미나와 주요 강사로서 가정과 주일학교를 말씀으로 세우기를 갈망하는 부모와 교사들을 섬기고 있다. 현재 백석예술대학교 사회복지학부 전임교수로 봉직 중이며, 남편 송병현 교수와 함께 STAR 선교회 이사로 섬기고 있다.

엑스포지멘터리 성경공부 시리즈 호세아 – 인도자용

초판 1쇄 발행 2013년 10월 30일
2판 1쇄 발행 2018년 1월 10일

지은이 송병현, 임우민
구성 신윤영

펴낸곳 도서출판 이엠
등록번호 제25100-2015-000063
주소 서울시 구로구 공원로 3번지
전화 070-8832-4671
E-mail empublisher@gmail.com

내용 및 세미나 문의 스타선교회: 02-520-0877 / EMail: starofkorea@gmail.com / www.star123.kr
Copyright © 송병현, 임우민, 2018, *Print in Korea.*
ISBN 979-11-86880-30-2 93230

※ 본서에서 사용한 『성경전서 개역개정판』의 저작권은 재단법인 대한성서공회 소유이며
재단법인 대한성서공회의 허락을 받고 사용하였습니다.
※ 이 책의 전부 또는 일부 내용을 재사용하려면 사전에 저작권자와 도서출판 이엠의 동의를 받아야 합니다.
※ 가격은 표지 뒷면에 있습니다.

「이 도서의 국립중앙도서관 출판시도서목록(CIP)은 서지정보유통지원시스템 홈페이지(http://seoji.nl.go.kr)와 국가자료공동목록시스템(http://www.nl.go.kr/kolisnet)에서 이용하실 수 있습니다. (CIP제어번호:CIP2015000753)」